Michael Groißmeier · Ärmelschoner und Talar

MICHAEL GROISSMEIER

Ärmelschoner und Talar

Bissige Gschichtn

Turmschreiber Verlag

Dieses Buch erschien mit Unterstützung des
Freundeskreises der Turmschreiber e.V.

ISBN 3-930156-82-2

Umschlaggestaltung: Hermut K. Geipel
Satz: Rist Satz & Druck GmbH, Ilmmünster

Printed in Germany 2003

Inhalt

Vorwort

Denjenigen Lesern, die mich als Lyriker und als Nachdichter der japanischen Gedichtformen „Haiku" und „Tanka" kennen, mag es verwunderlich erscheinen, daß ich nunmehr meinen durchwegs ernsten Gedichten, die sich seit mehr als vierzig Jahren mit dem natürlichen Kreislauf des Werdens und Vergehens als Spiegelbild menschlichen Daseins befassen, heiterbissige „Gschichtn" aus dem altbayerischen Milieu zur Seite stelle. Diejenigen jedoch, denen außer meiner Lyrik auch noch mein autobiographischer Roman „Der Zögling" (1991, revidierte Neuauflage 2002) sowie meine Erzählungen der Erinnerung „Aller Leidenden Freude" ((1993) ein Begriff sind, und die der bayerischen Sprache und Mentalität zugetan sind, werden vielleicht sogar Weiteres von mir im Sinne eines „document humain" aus dem altbayerischen Umfeld erwartet haben. Diese will ich nicht enttäuschen.

M. G.

Der Bach

Der Bach verläuft mitten durch das Dorf. Er entzweit und versöhnt die Anlieger, und das kommt so:

Alljährlich, bei der Schneeschmelze, bei Landregen oder bei einem jähen Gewitterguß tritt der Bach über die Ufer und überschwemmt die Gärten der Kleinhäusler, die sich in der Amperniederung angesiedelt haben. Die Höfe der Bauern und die Dorfkirche stehen sicher vor dem Hochwasser auf einer Anhöhe des hier beginnenden tertiären Hügellandes.

Solange die Anliegergrundstücke in gleicher Weise vom Bach überflutet und die Gemüsebeete verschlammt werden, sind sich die Anlieger einig. Sie stehen, sturmflutmäßig ausgerüstet mit Regenumhängen und Gummistiefeln, im knietiefen Wasser einträchtig an ihren Gartenzäunen und jammern über den Bach, der alle Daumen lang überläuft und ihnen Schaden zufügt.

„Ja mei, inserm Bach, dem konnst hoit koane Zügl net oleng", heißt es dann allgemein, und ein klein wenig Hochachtung vor ihm schwingt in den Stimmen mit, weil sich der Bach schier wie die reißende Amper selber gebärdet, in die dieser mündet, und die bereits die gesamte Auenlandschaft unterhalb des Dorfes überschwemmt hat.

Der Xare hält nichts von der allgemeinen Meinung, gegen den Bach könne man nichts ausrichten. Unter den mißtrauischen Blicken seiner Nachbarn schüttet er auf seinem Grundstück gegen den Bach hin einen halb mannshohen Erdwall auf, den er mit Sträuchern zu bepflanzen gedenkt. „Dös werd dir aber nix hoiffa, Xare!" sagen die Nachbarn auf seiner Bachseite, „'s Wassa laßt se auf de Weis net zruckhoitn. Dös laaft dir hoit na vo ins in dein Gartn nei!"

„Machts hoit na aar an Wall wiar i, na laaft's koam mehr nei!"

„Dössoi scho, auf inserner Seitn laaft's freile koam mehr nei, do hoscht scho recht, Xare, aba de Drentern, de dasauffa nacha!"

„Wos gehngan mi de Drentern o, boi no i net dasauf!" brummt der Xare und betrachtet wohlgefällig sein Werk.

Nicht lange, da machen sich die Nachbarn die Meinung des Xare zu eigen, daß die Anlieger auf der drüberen Bachseite ruhig absaufen können, wenn nur sie selber verschont bleiben, und nach einiger Zeit haben auch sie Erdwälle aufgeschüttet. Wenigstens ihre Bachseite wäre also sicher. Aber den Zorn der „Drentern", also der drüberhalb des Baches Wohnenden, haben sie sich zugezogen, die masseln:

„Oiss, wos recht is, aba dös gäht na scho dengerscht net, daß de Drentern (von der Warte der „Herentern" aus gesehen, sind die Wallaufschütter nun die „Drentern") 's Wassa zo ins riwaleitn und sie soim hockertn schee trucke drent!"

„Miaßts hoit aar an Wall aufschüttn wia mir aa!" schreit der Xare über den Bach hinüber, und der Anderl, sein Nachbar, pflichtet ihm kopfnickend bei.

Dem Anderl ist die Angelegenheit sichtlich peinlich, weil der „Drenter", „der wo iatz dasauffa" soll, sein lediger Vetter ist, von dem er sich bei dessen Ableben eine saftige Erbschaft erwartet. Nun befürchtet er, sein Vetter könne aus Verärgerung über den aufgeschütteten Wall all sein Vermögen der Kirche vermachen und ihn, den Anderl, leer ausgehen lassen; denn so ohne weiteres würde sich der Vetter vom Anderl nicht „dasauffa" lassen.

„Muaßt da nix denga, Anderl!" versucht ihn der Xare zu beschwichtigen, „boi di dei Vetter ogift wega dem Wall. Bis se der zon Sterm hilegt, laaft no vui Wassa am Bach owe, dawei hot a wieda oboaßt, dei Vetter! De Erbschaft konnst in oller Ruah dawartn. Wer soi denn sinscht irm ois wia du, Anderl, boi do da ander koane Nachkommen hot!"

Der Anderl macht ein süßsaures Gesicht zur Red des Xare

und wundert sich, wie der seine Befürchtungen hinsichtlich des Erbes erraten konnte. Oder hat ihm ebber der Vetter was gsteckt?

Der Bach ist ein Tropf und schlägt zur hämischen Freude der „Drentern" den Wallaufschüttern ein Schnippchen. Heuer will und will er nicht überlaufen, obwohl es regnet in Strömen und der Wetterbericht kein Ende der Schlechtwetterperiode verheißt.

„Habts enk umasinscht plogt!" plärrt dem Anderl sein Vetter höhnisch über den Bach herüber, „enka Erdhauffa is scho gei für gor nix, voraus da Bach kaam mehr iwalaaffa werd, wei s' z' Dotterwies drom d' Sperrn aufmacha, boi's länga rengt, und 's Wassa oissammete in d' Wiesna neilaaft!"

Jetzt ist das Dummdreinschaun beim Xare und beim Anderl. Der ist der erste, der seine Fassung wiederfindet, und er hat alle Veranlassung dazu; denn nun besteht wieder begründete Aussicht auf die Erbschaft.

„Ja, boi's a so is, na kinna mir ja den Erdwall wieda obbaun, ehvor d' Ratzn neikemma und oiss untawuihn", ruft der Anderl zu seinem Vetter hinüber, der seine abgefaulten Zahnstumpen schadenfroh bleckt, und zum Xare grantelt er über den Zaun:

„D' Rade san aa nimma dös, wos s' amoi warn, de kunntn aar a bissl grässa sei heier! I moan oiwei, dene feiht 's Bachwassa!"

„Muaßt as hoit bessa giaßn, deine Rade!" brummelt der Xare, „host ja an Bach direkt vor deiner Nosn! Zwoar a drei Giaßkanna voi waarn net z'vui! Awa owesteing muaßt scho zon Wassa! Nachlaaffa werd's da net! Iatz nimma, ha, ha, ha!"

Da hat er recht, der Xare, nachlaufen tut einem der Bach nicht, jedenfalls nicht wegen der paar bastigen Radi. Aber vielleicht läuft er doch wieder einmal über, damit sich der Wall am End doch rentiert und die „Drentern" sich ärgern, was immerhin auch was zum Freun ist, wenn schon die Rettiche nicht mehr so groß und saftig werden wie früher.

Das Glasauge – ein Trostbrief, zweisprachig

Muaßt da nix denga, bois' dar an Aug rausgnomma hom, host ja no dös anda, und zwengs da Scheenheit gibb's Glosaung!

Oda waar's dar am End liawa gwen, bois' dar an Haxn ogschnin hän! Do miaßast elendigle umanandhupfa auf zwoa Gruggn, so wia seinazeit a meiniga Bekannta, der wo mit oan Haxn aus Sibirien zruckkema is, bis a iwar an Pflastaschtoa gschdoibbat is und se 's Gnagg brocha hot. Freile, es gibb an Hoizhaxn ois Ersatz, awar a Glosaug waar ma na do scho liawa!

Laß da fei dein Augapfe mit hoamgem, bois d' entlassn werst aus'm Kranknhaus! Awa dös is dei Sach!

Damisch schaugg's awa scho aus, bois d' amoi oanaugad vor dein Herrgod dren muaßt, awa mit ar am Hoizhaxn in d' Ewigkeit umihupfa, dös is ja no vui armseliga!

A weng muaß i di awa scho schimpfa, bist ja soim schuid an deim Schlaamaassl. Wia ko ma se bloß bein Radeschnein 's Aug ausstecha! Boi's da weanigschtns bein Zahnstochaspitzn bassiert waar, awa naa, bein Radeschnein muaß 's sei!

A meiniga Bekannta hot aar an Aug valorn durch an Blädsinn. Grod recht is eahm gschähng! Wos muaß ar aa so unvorsichte sei, a Bierdosn mim Messa aufmacha z'woin! A soichtana Leichtsinn!

Awa wia ma se bein Radeschnein …! Dös is ma schleiahaft! Du werst as ja soim kaam vasteh, so schnoi werd's ganga sei. Awa oiwei no bessa, an Aug valiern ois wiar an Haxn! Naddierle is dös an Ansichtssach. 's Aug konnst in Spiritus leng und oschaung, bois d' Lust host, bein Haxn, moan e oiwei, daast daschrecka. Dei Meinigung daat mi scho ganz irg vaintressiern!

Da meinige Bekannt hot iatz a Glosaug, wo eahm wirkle guat stäht, Ton in Ton mim gsundn Aug – ois wia wenn's a richtigs Aug waar. Zwar schaugg's a bissl stier, und boi's geng meina gricht is, laaft's ma ganz koit iwan Buggl owe, wei i net woaß, ob's net do sähng ko, dös Glosaug, am End gei gor no schärffa ois wiar a richtigs. Du woaßt as ja, wos heitzedog ned oiss meegle is … Und aa dös Iwasinnle is ned vo da Hand z'weisn.

Laß da de Sach ned gor a so vadriaßn, es werd scho wieda wern! Bloß owacht gem werst miassn, daß da dei Glosaug ned in'n Maßkruag neifoit, bois d' de z'irg neihengst, sunst sauft da dei Oide nimma draus, wos ja in gwissa Weis a Vorteil für di waar, wei da dann ned bloß no da Foam bleibb!

Du brauchst nicht besorgt zu sein, wenn sie dir ein Auge herausgenommen haben, du hast ja noch das andere, und für die Schönheit gibt es Glasaugen.

Oder wäre es dir vielleicht lieber gewesen, wenn sie dir ein Bein abgenommen hätten! Dann müßtest du elendiglich umherhüpfen auf zwei Krücken, so wie seinerzeit ein Bekannter von mir, der beinamputiert aus Sibirien heimgekehrt ist, bis er über einen Pflasterstein gestolpert ist und sich das Genick gebrochen hat. Freilich, als Ersatz gibt es auch ein Holzbein, aber ein Glasauge wäre mir doch lieber!

Laß dir deinen Augapfel mit heimgeben, wenn du aus dem Krankenhaus entlassen wirst! Aber das liegt bei dir!

Dumm schaut es zwar schon aus, wenn du einmal einäugig vor deinen Herrgott treten mußt, aber mit einem Holzbein in die Ewigkeit hinüberhüpfen ist noch viel armseliger!

Ein wenig muß ich dich aber schon rügen, denn du bist ja selber schuld an deinem Mißgeschick! Wie kann man sich denn bloß beim Rettichschneiden das Auge ausstechen! Wenn es dir wenigstens beim Zuspitzen des Zahnstochers passiert wäre, aber nein, beim Rettichschneiden muß es sein!

Ein Bekannter von mir hat auch ein Auge durch Leichtsinn verloren. Gerade recht ist ihm geschehen! Was muß er auch so unvorsichtig sein, eine Bierdose mit dem Messer öffnen zu wollen!

Aber wie man sich beim Rettichschneiden …! Das ist mir schleierhaft! Du wirst es ja selber kaum verstehn, so schnell wird es geschehen sein. Doch immer noch besser, ein Auge zu verlieren als ein Bein! Natürlich ist dies Ansichtssache. Ein Auge kann man in Spiritus legen und anschaun, wenn man Lust hat, bei einem Holzbein, meine ich, würde man erschrecken. Deine Meinung hierzu würde mich brennend interessieren!

Mein Bekannter hat jetzt ein Glasauge, das ihm wirklich gut steht, Ton in Ton mit dem gesunden Auge – als sei es ein richtiges Auge. Zwar ist es unbeweglich, und wenn es auf mich gerichtet ist, läuft es mir ganz kalt über den Rücken, weil ich mir nicht sicher bin, ob es nicht doch sehen kann, das Glasauge, vielleicht noch schärfer als ein richtiges …, und auch das Übersinnliche ist nicht ganz auszuschließen. Du weißt ja, was heutzutage alles möglich ist!

Laß dich die Sache nicht allzusehr verdrießen, es wird sich alles schon wieder einrenken! Bloß achthaben wirst du darauf müssen, daß dir dein Glasauge nicht in den Maßkrug fällt, wenn du dich zu sehr hineinhängst, sonst trinkt deine Alte nicht mehr daraus, was ja in gewisser Weise von Vorteil für dich wäre, weil dir dann nicht mehr nur der Bierschaum bleibt!

Den auf bayrisch geschriebenen Trostbrief sandte Euphrosynus Mayrhanser aus Sixtnitgern an seinen in der Augenklinik in München liegenden Freund Loisl Voggenreiter, der das Pech hatte, sich beim Radischneiden ein Auge auszustechen, zu der nämlichen Zeit, als dieses Mißgeschick dem Berliner Freund des Euphrosynus Mayrhanser, Hotte Schmitt-Janther, beim Öffnen einer Bierdose widerfuhr.

Um sich doppelte Denkarbeit zu ersparen, ließ sich der Schlauberger Mayrhanser den bayerischen Trostbrief vom Schullehrer Primserl ins Schriftdeutsche übersetzen und sandte ihn, nachdem er das „Radischneiden" mit dem „Bierdosenöffnen" ausgewechselt hatte, an seinen in der Berliner Augenklinik liegenden Freund.

Wie inzwischen verlautet, interessiert sich die Münchner Kommission für Mundartforschung an der Bayerischen Akademie der Wissenschaften für beide Brieffassungen, aufgrund deren es die These, Bayrisch sei eine eigene Sprache, zu untermauern gedenkt – und wenn nichts anderes dabei herauskommt als der Nachweis, das Bayrische komme mit zwei, drei Wörtern weniger aus als das Schriftdeutsche …!

Lululúlu

Zwischen dem sanft gewellten, behäbig in sich ruhenden tertiären Hügelland im Norden und den magmaartig nach allen Windrichtungen vorrückenden urbanen Steingebirgen im Süden liegt das von Autobahnen in Stücke geschnittene und von Überlandleitungen strangulierte Moos. Das wird von einem Menschenschlag bewohnt, der sich trotz aller von der Umwelt zugefügten Beeinträchtigungen wie Lärm, Gestank und eingeschränkter Lebensraum seine Ursprünglichkeit bewahrt und sich in seiner Lebensweise nicht hat entmutigen lassen. Ihrer seit Jahrhunderten gepflogenen Widerspenstigkeit in Staats- und Glaubensdingen wegen sind die Mösler als anarchisch angehauchte Heiden verschrien, obzwar sie kaum schlimmer sind als die übrigen Landesbewohner, doch eher keine so gewieften Heuchler und Schlauberger wie diese, die Frömmigkeit und Glaubensstärke vorzutäuschen wissen, insgeheim aber ihrem Unglauben und ihren sündhaften Neigungen frönen.

Heiden muß man bekehren und ihnen den rechten Glauben und Gottesfurcht beibringen. Das war schon immer so, wie die Geschichte beweist. Nur daß heutzutage diejenigen selber missioniert werden müssen, die früher Missionare in aller Herren Länder ausgeschickt haben, mit Vorliebe zu den „Hindianern ins Amerika" und zu den „Menschenfressern ins Afrika".

Besonders aus dem dank unseren Eiferern gläubig gewordenen, von Menschenfressern gereinigten und mit Priestern gesegneten Afrika kommen jetzt die Missionare zu uns, notwendigerweise auch in unser heidnisches Moos. Der liebe Gott allerdings ist nicht so glaubenseifrig wie die Schwarzen, er schickt den Möslern höchstens einen Sturm, der über ihre Mooshütten hinwegfegt, und der allenfalls ein paar weniger biegsame Birken umknickt, nicht aber die Verstocktheit der Möslerherzen bricht.

In das Moos also, für dessen weit auseinander liegende Einöden eine einzige Pfarrei genügt, kommt ein schwarzer Pfarrer, schwarz nicht der politischen Couleur, sondern der Hautfarbe nach, kommt also ein tiefschwarzer Pfarrer aus dem schwärzesten Afrika, um die Mösler zu bekehren und ihnen den nötigen Glaubenseifer einzurichten. Wenn der schwarze Pfarrer mit dem einschläfernden, einlullenden Namen Lululúlu (wobei die Betonung auf dem dritten „Lu" liegt!) in der einzigen, aus Birken gefügten Kirche im Moos zu seinen Schäflein predigt, verfallen diese regelmäßig in den Schlaf des Gerechten, der sich in Schnarchtönen äußert, was die Gerechtigkeit der Schlafenden zu dokumentieren und zu unterstreichen scheint; die Worte des Pfarrers finden dann keinen Zugang mehr zu den Ohren und Herzen der Gerechten.

Eine nur schläft nicht ein während der Predigt, nicht minder gerecht als die Schlafenden, sie als einzige schläft nicht, nämlich die Organistin, die am Harmonium sitzt und von der Empore herab andächtig den Worten des Pfarrers lauscht, ja förmlich an seinen Lippen hängt, und auch der Pfarrer hängt an der Organistin, nein, nicht an deren Lippen, sondern an ihrem Busen – wenn auch nur in Gedanken. Oder doch nicht nur in Gedanken, wie sich herausstellen wird!

Eines Tages wird die Organistin schwanger. Kein Moosbewohner kann natürlich behaupten, die Organistin sei ausgerechnet und ausschließlich von dem schwarzen Pfarrer schwanger geworden. Die Mösler, bei all ihrer Widerspenstigkeit in Staats- und Glaubensdingen ein lustiger und launiger Menschenschlag und jederzeit zum Spotten und Spötteln aufgelegt, munkeln dennoch am Wirtshaustisch:

„Inser schwarzer Pfarrer werd halt der Kindsvadda sei!"

Doch nein, nicht alle Mösler witzeln und frozzeln so offen, nur der männliche Teil! Der weibliche hält sich zurück, er hätte auch nichts zu sagen am Wirtshaustisch, und bemitleidet oder beneidet, je nachdem, die Geschwängerte in aller Stille.

Der Tag, an dem das Kind das Licht der Welt erblickt, ist für die Organistin ein schwarzer Tag; denn was man ihr in den Arm legt, ist schwarz, schwarz wie die Nacht, schwarz wie das schwarze Herz Afrikas, schwarz wie der afrikanische Pfarrer. Und wie hatte die unglückliche Mutter, als sie guter Hoffnung war, zu Gott gefleht, er möge ihr Kind weiß werden lassen! Denn nicht nur mit einem Schwarzen, noch dazu einem Geweihten, hatte sie intimen Umgang gepflogen, nein, zur gleichen Zeit auch noch mit einem Weißen, einem allerdings Ungeweihten, was dem Säugling, wie an seiner Hautfarbe erkennbar, zum Nachteil gereichte. Der liebe Gott, der zwar Adam und Eva zu erschaffen vermocht, ihnen auch die Lust aufeinander eingepflanzt hat, war ganz und gar nicht mehr Herr der Lage gewesen, als die Sache einmal in Fluß gekommen war und ihren Lauf genommen hatte. Und wer sagt denn, daß der Herr nicht ein Schwarzer ist, der sein Wohlgefallen an schwarzen Babys hat! Hätte er sonst tatenlos zugesehn, wie der Weiße den kürzeren zog?

An einem strahlenden Frühlingstag fährt die junge Mutter zum ersten Mal ihr schwarzes Baby aus. Die Sonne lacht freundlich vom Himmel, der jungen Mutter aber ist nicht zum Lachen, denn heute, wenn sie ihr Baby spazieren fährt, würde publik werden, daß es schwarz ist, und die Biertischmunkler würden sich bestätigt sehen:

„Was ham ma denn allweil gsagt, inser Pfarrer is da Kindsvadda, und dös hat auftroffn, schwarz auf weiß, ha, ha, ha!"

Die junge Mutter seufzt, als sie in den Kinderwagen blickt: Das Baby liegt kohlrabenschwarz auf schneeweißem Kissen und hebt sich umso schwärzer von dem Linnen ab.

„Dös wern ma scho sehn, ob die Mösler über uns spottn dürfn, gell, Butzerl!" murmelt sie und greift in die Handtasche. „Da gibt's a Mittl dagegen, a ganz a einfachs!"

Sie kramt eine Tüte hervor und stäubt das Gesichtchen des Säuglings mit einem weißen Pulver ein, offenbar Mehl; nun sieht es aus wie ein Weihnachtsplätzchen, das zu lange im Backrohr belassen und schwarz geworden, nachträglich aber mit Mehl bestreut worden war, um die Nachlässigkeit zu vertuschen. Und wie ein Weihnachtsplätzchen zum Anbeißen sieht das Gesichtchen des Babys nach dem Einstäuben auch aus!

Alle, die in den Kinderwagen blicken, finden den Säugling zum Anbeißen süß, und sie sind entzückt über das weiße Näschen, die weißen Bäckchen, die schwarzen Augen, die schwarzen Härchen, nur die Lippen finden sie etwas wulstig, und auch, bei Licht besehen, die weiße Hautfarbe ein wenig blaß, schier mehlig.

„Fehlt dem Kinderl was, weil's gar so blaß ausschaut?" fragt eine Inspizientin mitleidig; sie schwächt ihre Frage aber gleich wieder ab, als sie die nämliche Blässe im Gesicht der Kindsmutter erblickt: „Ein bisserl blutarm das Kind, so wie d' Mutter halt, da müssn S' viel an d' Luft gehn und Rotbäckchensaft trinken, der Säugling natürlich net, das wär ihm noch z'scharf, aber der Mutter tät's net schaden!"

Ein bisserl zu besorgt die Inspizientin!

Gott sei Dank, die wenigstens hat nichts gemerkt, wenn sie auch etwas argwöhnisch dreingeschaut hat! atmet die junge Mutter auf. Der nächsten Inspizientin kann sie gerade noch entgehen, indem sie auf den Friedhof ausweicht.

Dem Himmel kommt die Sache ganz und gar nicht spaßig vor. Er als Inhaber und Verfechter der absoluten Wahrheit und Ehrlichkeit kann die Nothandlung der jungen Mutter überhaupt nicht akzeptieren, und außerdem, wie kann sich solch ein Menschlein unterstehen, die Taten und Tatfolgen eines dem Herrn Geweihten unterschlagen zu wollen, und geschähe dies einzig und allein in der guten Absicht, eine Bloßstellung des geweihten Herrn zu verhindern! Solcherart Über-

legungen und Denkergebnisse stimmen mit denen des All-
mächtigen oftmals in keiner Weise überein. Das Ergebnis der
göttlichen Überlegungen in Sachen Organistin/schwarzer
Pfarrer war, daß der Himmel angewiesen wurde, einen Platzregen auf die Erde niederzuschicken und die manipulierte
Hautfarbe des Babys wieder in den Urzustand zu versetzen
respektive ins rechte Licht zu rücken.

„Auweh, jetzt fangt's auch noch zum Schüttn an!" jammert
die junge Mutter, „und ich hab 's Vordachl zum Kinderwagn
daheim lassn, weil's so frühlingsmäßig blau ausgschaut hat,
so ein Pech!"

In die sie flüchten will, die Kirche, ist verschlossen.

„Wie immer, wenn man sie braucht!"

Auch wenn die junge Mutter den Regenschutz in Form des
„Vordachls" dabeigehabt hätte, wäre sie wohl nicht mehr da-
zugekommen, ihn über den Kinderwagen zu klappen; denn
wenn der Herr einmal etwas beschlossen hat, dann muß es
augenblicklich ausgeführt werden, und der Himmel ist der
erste, der dienstbeflissen den Anweisungen seines Haus-
herrn und Regenten nachkommt. So auch im vorliegenden
Fall.

Der Wille des Herrn ist also der: Ein schwarzer Säugling
soll ein schwarzer Säugling bleiben und kein weißer werden.
Diese Anweisung empfängt der Himmel bereitwillig und gibt
sie an die Wolke weiter. Diese wiederum schickt den Regen
los. Der stürzt sich in großen dicken Tropfen auf das Gesichtchen des Säuglings und wäscht es im Nu wieder schwarz.

Der Säugling nimmt dem Regen die Schwarzwaschung
nicht übel, im Gegenteil, er kräht so laut und lustig und
schaut so schwarz aus den Kissen, daß die junge Mutter noch
blasser wird als zuvor bei den musternden Blicken der Inspizientin, und diese Blässe vermag der Regen nicht abzu-
waschen, da hat er keine Vollmacht von oben.

So urplötzlich der Platzregen angefangen hat, so schnell ist er auch wieder vorüber, kein Wunder, da der Wille des Herrn nun vollzogen ist.

Mit der Tücke und Bosheit der Menschen, die seine Geschöpfe sind, und die er eigentlich bis ins Innerste kennen müßte, scheint der Herr aber immer noch nicht vollständig vertraut zu sein; denn sonst hätte er zu verhindern gewußt, daß die Inspizientin, die es vor Mißtrauen und Neugierde umtreibt, wieder den Weg der jungen Mutter mit dem Säugling kreuzt.

„So ein Sauwetter, zerscht scheint d' Sonn, nachher kommt so ein Guß! Hat's Ihnen auch erwischt? Und erst Ihr Butzerl! Ganz naß wird's sei! Wie, lassn S' sehn!"

Und schon beugt sich die Inspizientin über den Kinderwagen – und prallt zurück.

„Jessas, Jessas, was is jetz das! Da liegt ja ein Negerl drin! Das kann doch net sei! Ich hab doch mit eigne Aung gsehn, daß das Kind weiß gwesn is und net schwarz!"

Sie verdreht ihre Augen wie eine Kuh, wenn es blitzt. Ihre Hautfarbe, die der eines gesottenen Krebses gleicht, schießt jählings ab, zwar nicht ins Weiße, aber ins Graue, Aschgraue.

Die junge Mutter tut verwundert:

„Vielleicht hat sich ein Wunder ereignet in Ihrer Abwesenheit, man kann ja net wissn!"

Nur nicht zugeben, daß sie den Säugling auf weiß hergerichtet hatte, das gäbe erst eine richtige Hetz bei den Möslern!

„Ah was, zwengs Ihnerm Schratzn tut der Herrgott kein Wunder net!"

Ganz geheuer ist ihr aber nicht.

„Ich hab ja bloß einen Spaß gmacht, mir is kein Wunder net aufgfalln, das Kind is allweil schon schwarz gwesn! Da müssn S' Ihnen schon täuscht ham vorhin!"

Die Blässe der jungen Mutter hat sich in eine sanfte Rosenröte verwandelt. Auch das bemerkt die Inspizientin:

„Und ich Traamhapperl empfehl Ihnen auch noch einen Rotbäckchensaft, wo S' jetz doch wieder so eine gsunde Gsichtsfarb haben! Fahrn S' Ihrn Bubn nur fleißig aus, bsonders wenn's regnet, daß 'n gscheit abwascht! Dann kriegt er vielleicht noch rote Backen statt schwarze! – Wer is denn der Vadda? Doch net ebba unser Pfarrer?"

Die junge Mutter glüht wie ein Sonnenuntergang.

„Wo denken S' denn hin, so dürfen S' net denken von mir, und erst recht net von unserm Herrn Pfarrer! Schämen S' Ihnen gar net? Was Sie für eine schlechte Phantasie ham!"

„No, no, sonst is ja kein Schwarzer net da bei uns im Moos! Wer soll's denn andrer gwesn sei als wie unser Herr Pfarrer! Freilich, sowas kann auch amal einem Pfarrer passiern, wenn's auch nicht sein dürft bei einem gweihchtn Herrn!"

„Jetz sind S' aber stad, sowas muß ich mir net sagn lassn! Es gibt ja noch andre Schwarze als wie unsern Herrn Pfarrer!"

„Daß ich net lach! Unsern Herrn Pfarrer ham S' anghimmelt, ganz schwaar auch noch, man is ja net blind, ein jeder hat's gsehn, das können S' net ableugnen! Wer soll's denn sonst gwesn sei! Ebba der Heilige Geist, der wo meines Wissens gar nie net schwarz is?"

„Aber weiß is er auch net! Der Heilige Geist hat überhaupts keine Farb net, weil er ein Geist is! Und dassell kann ich Ihnen sagn, der Heilige Geist war's ganz gwiß net! Das war schon ein Mann!"

„Ein Mann schon, aber was für einer! Ich möchte wettn, es war unser Pfarrer, der Lululúlu!"

Die Inspizientin wandte sich zum Säugling hin:

„Lu, lu, lu, lu, bist du aber ein schwarzes Butzerl! Wie man nur so schwarz sei kann! Da muß der Vadda schon ein ganz ein Schwarzer sei, so schwarz wie unser Lululúlu!"

Der Säugling juchzt und lallt, und sein Lallen klingt ganz deutlich wie „Lulululu", so wie der Name des schwarzen

Pfarrers lautet, nur legt der Säugling die Betonung nicht auf das dritte „Lu", sondern gleichmäßig auf alle „Lus".

„Da haben wir's ja!" lacht die Inspizientin hämisch. „Sogar der Bub weiß, wer sei Vadda is, bloß sei Mama tät's net wissn! Halten S' mich doch net für hinterm Mond! Hörn S' doch: Lulululu! Das kann doch bloß unserm Herrn Pfarrer sei Schratzn sei!"

„Das werden S' dann schon sehn, Sie neugierige Person! Ich sag's unserm Herrn Pfarrer, was Sie für eine sind, der wird Ihnen dann schon einheizn, der wird die Wahrheit schon ans Licht bringen! So was Ausgschaamts!"

„Lulu lúlu!" höhnt die Inspizientin, und als sie sich entfernt, befriedigt über den Ärger, den sie verursacht hat, hört man noch lange ihr zufriedenes Lachen:

„Hab ich mir doch denkt, daß's der Lulu lúlu is, sonst tät's der Bub net sagn!"

„Lulululu", lallt ihr der Säugling nach.

„Stad bist!" schilt ihn die junge Mutter, „wie kannst'n der Person auch noch recht gebn! Die erfahrt's noch früh gnug, wer dei Vadda is, Hundskrampn, mistiger!"

In Windeseile verbreitet sich im Moos die Kunde von der wundersamen Verwandlung des Säuglings von einem weißen in einen schwarzen, und daß der Herrgott ein Wunder getan habe, weil er vielleicht an der Frömmigkeit der Organistin sein Wohlgefallen habe, und er selber vielleicht doch ein Schwarzer sei. Aber überall gibt es Zweifler, und deren nicht wenige im Moos, und wundergläubig sind sie schon gleich gar nicht, die Mösler. Sie melden ihre Bedenken an und schieben das Wunder auf den hochwürdigen Herrn Pfarrer Lulu lúlu. Das ganze Moos verharrt in gespannter Erwartung der Dinge, die sich gewiß noch ereignen und eine Klärung der strittigen Fragen in Sachen Wunder herbeiführen werden.

Als am Sonntag Pfarrer Lulu lúlu umwölkten Hauptes und schier noch schwärzer als sonst die Kanzel besteigt, gestattet sich keines seiner sonst so schläfrigen Schäflein einzunicken; denn da oben unter dem Kanzelhimmel, unter dem der Pfarrer wie eine schwarze Gewitterwolke dräut, braut sich ein Unwetter zusammen, das spüren die wettererprobten Mösler, und das muß sich über ihren Köpfen entladen. Tatsächlich, schon zucken die ersten Blitze, nämlich ein Augenrollen hebt an mit weißglühenden Augäpfeln und ein Zähnefletschen mit Zähnen wie Speerspitzen, daß die Mösler die Köpfe einziehn. Dann donnert es aus dem Mund der Wolke:

„Ihr Verruchten! Weder der Herr noch ich, Pfarrer Lululúlu, haben an dem Säugling ein Wunder getan! Der Wundertäter war mein Bruder aus Afrika, der, wie ihr wißt, letztes Jahr bei mir zu Besuch war!"

Ein Kopfschütteln geht durch den Kirchenraum. Nur die Organistin, die, den Kinderwagen mit dem Säugling neben sich, unter der Empore steht, schüttelt ihr Lockenköpfchen nicht. Gebannt hängt sie an den Lippen Lululúlus. So wie der redet, wenn auch sein Reden ein Donnergrollen ist, muß man ihm Glauben schenken, nämlich daß nicht der Pfarrer, sondern sein ebenso schwarzer Bruder aus Afrika der Kindsvater ist. Mit einem Mal ist sie sich nicht mehr sicher, war es der eine, war es der andre – oder waren es am End gar beide?

Da kräht es in die Mucksmäuschenstille der Mösler und in das Grollen des Pfarrers hinein: „Lululúlu, lulululu!"

Das Krähen kommt aus dem Kinderwagen unter der Empore, und es klingt wie Widerspruch.

„Bist net glei stad, Lulerl!"

Die halb zornige, halb beschwichtigende Stimme der jungen Mutter, die nun gar nicht mehr weiß, wem sie nun glauben soll, dem Pfarrer oder dem Säugling.

„Jetzt hat er's ihm aber gsagt, der Schratzn, unserm Herrn Pfarrer, wer sei Vadda is! Jetzt wiß ma's gwiß, der Lululúlu is's!" flüstert gut hörbar eine Frauensperson ihrer Banknachbarin zu, und die rundherum Sitzenden nicken beifällig.

„Ein Gottesurteil!" kreischt die Inspizientin, „glaubt mir's, Leut, ein Gottesurteil! Unser Herrgott spricht aus dem Munde des Säuglings!"

„Ihr Kleingläubigen!" grollt es von der Kanzel herab, aber dieses Grollen klingt schon sehr schwach und ist das letzte Aufbegehren des vom Herrn selber gestoppten Donnerwetters. Fürwahr, der Herr selber muß eingegriffen haben, so deuten es sich die Mösler, um seinen Diener davor zu bewahren, sich noch weiter auf den Pfad der Sünde zu begeben. Der Herr haßt nicht nur die Lüge, sondern auch die Notlüge, aber am meisten haßt er, wenn man die eigene Schuld auf andere abwälzt, so wie der Pfarrer die seine auf seinen Bruder.

Kein Mösler zweifelt nunmehr daran, daß sich der Herr des Mundes des Säuglings bedient hat, dem er befahl, im rechten Augenblick sein „Lulululu" zu lallen. Und auch die fromme Inspizientin mußte der Herr mit der Erkenntnis erleuchtet haben, das Lallen des Säuglings bedeute ein Gottesurteil.

Einer abziehenden Wolke gleich, die auf Geheiß des Herrn den Himmel räumt, steigt Pfarrer Lululúlu von der Kanzel und verschwindet in der Sakristei.

Einer aber darf nicht vergessen werden, nämlich der Heilige Geist, der in unziemlicher Weise als Kindsvater verdächtigt worden ist. Der kann ja wirklich nichts für das Säuglingswunder! Er schwebt in Gestalt einer Taube rein und weiß unter dem Kanzelhimmel und blickt, im vollen Bewußtsein seiner Unschuld, mit sanften Taubenaugen – mischt sich nicht auch ein wenig Schadenfreude in den unschuldsvollen Blick! – auf die Mösler herab, die nicht nur heidnisch, sondern auch sündhaft sind, und auch auf die abziehende, in der Farbe merklich verblaßte Wolke, der man ansieht, daß sie ihr Pulver verschossen hat, wenn auch ohne den Segen des Herrn.

Die indischen Laufenten

Am Rande des Mooses liegt ein Städtchen, das sich mit mancherlei kuriosen Problemen herumschlagen muß, neuerdings auch mit der Schneckenplage, die über den städtischen Friedhof hereingebrochen ist. Um der Wahrheit die Ehre zu geben: Über Nacht hereingebrochen ist sie nicht, sie besteht schon, seit es den Friedhof gibt. Zu einem Problem ist die Schneckenplage eigentlich erst geworden, als ein Stadtratsmitglied sie zum Problem hochstilisiert und es zuwege gebracht hat, daß sie auf die Tagesordnung der Stadtratssitzung gesetzt und somit öffentlich geworden ist.

Ich selber habe zwar der bewußten Stadtratssitzung nicht beigewohnt – da könnte ich ja gleich den örtlichen Theaterstadl besuchen! –, aber eine mit mir befreundete Schnecke als unmittelbar an Leib und Leben Betroffene hat die Stadtratssitzung von Anfang bis Ende mitverfolgt und mir einen wahrheitsgetreuen Bericht geliefert, das heißt, die Wahrheit beruht auf dem, was ich den leichter oder schwerer zu deutenden Bewegungen ihrer Fühler zu entnehmen vermochte.

Der Bürgermeister eröffnet die Sitzung, indem er die Köpfe der Stadtratsmitglieder zu zählen beginnt:

„Oans, zwoa, drei, viere, fimfe …, Herrgodsaxn, hoits hoit amoi euer Mäu, bei dera Gaude konn i ja net feststoin, ob mir ibahaps beschlußfähig san, i derf scho bittn …, oans, zwoa, drei, viere, fimfe …zwanzge, oiso, de Beschlußfähigkeit waar gem, a boor san entschuidigt, bloß da Xare net, wos is na mit demsoin wieda, woaß dös oana?"

„Bein Wirt werd a sei!" feixt der Schorsch, der Spezl des Xare.

„Na werd a scho no kemma, boi a bsuffa is!" brummt der Bürgermeister ärgerlich und erntet Gelächter.

„Iatz hörts no wieda auf mim Lacha, daß ma zon Arwatn

kemma! Mir hom heit a lange Tagesordnung! Ois erschtn Tagesordnungspunkt ruaf i auf:

Antrag des Stadtrats Brims betreffend die Schneckenplage im städtischen Friedhof: Anstellung von indischen Laufenten ...“

Einer ruft dazwischen: „Öha, Antn, wia dös?“

„Wei s' d' Schneckn fressn soin im Godsacka!“

„Boi s' möng scho! – Warum nachat grod indische?“

„Wei de d' Schneckn bsunders gern möng soin!“

„Hän's do deitsche net do?“

„Naa, desoin san z' hoakle!“

„A so!“

„Soin na de Antn Beamte wern, wei's Oschtellung hoaßt, Burgermoaschta?“

„Mir kennar aa Beschaffung schreim. Griasmoar“, er wendet sich an den Protokollführer, Stadtsekretär Griesmeier: „Griasmoar, schreim S' hoit na Beschaffung!“

„Jawoih!“

„Hoit, hoit, so oafach gäht dös net!“ meldet sich der Antragsteller, Stadtrat Brims, zu Wort. „I hob mir scho wos denkt dabei, wia i mein Antrag formuliert hob!“

Gelächter. Zwischenruf:

„Daß se der aar amoi wos denkt!“

„A Ruah is!“ knurrt der Bürgermeister. „Laßts'n ausren, an Brims!“

Stadtrat Brims räuspert sich und verkündet mit wichtiger Miene:

„Oschtellung is scho richte! Warum soi's net aa Dienstantn gem, boi's do scho Diensthund gibt!“

Beifälliges Gemurmel.

„Do hot a recht, da Brims! Red weida!“

„Oiso, de Antn, schlog i vür, soin ogschtoit wern wia Beamte, wei s' quase Staatsdeana san, wenn aa in städtische Deanschtn“.

Der Stadtsekretär Griesmeier macht ein griesgrämiges Gesicht, offenbar deswegen, weil man ihn mit einer Ente gleichsetzt, noch dazu mit einer indischen, ihn, den bayrischen Beamten!

„Oiso nacha, an Beamtnschtatus kriang s', de Antn!" bekräftigt der Bürgermeister.

„Boi de Antn Beamte wern, na muaß mar eahnar aa Deanschtaufgabn zuaweisn! Wos soin na dös für oa sei?" fragt Stadtrat Haberl an.

Allgemeines erstauntes Zurufen:

„Hoscht gschlaffa, Hanse, wos wern s' na scho doa miassn, de Antn, ha, d' Schneckn soin s' fressn, sunscht nix, dös san eahnane Deanschtaufgabn!"

Stadtrat Haberl ist nun informiert: „A so!"

Nun fährt der Bürgermeister fort:

„Na waarn ma ja olle oana Meinung, daß d' Antn d' Schneckn fressn soin, und wei s' dös in an schtädtischn Friedhof doa soin, san s' gwissermaßn schtädtische Antn und ois soichane wia Beamte zu behandeln!"

„Wern na de Antn hoheitle tätig wia de Beamtn?"

Der schwergewichtige Stadtrat Felsl versucht mit fetter Stimme seiner Frage Gewicht zu verleihen:

„Wern s' do na hoheitle tätig, boi s' d' Schneckn fressn? Dös konn i na do scho net glaam! Ko ma de Antn net ois Ogschtoite führn odar ois Arwata?"

Der Bürgermeister kratzt sich verlegen am Kopf, zumal da ihn das gesamte Gremium gespannt anschaut. Wie wird der Bürgermeister die Zweifel des Stadtrats Felsl ausräumen?

„Hm, hm, koa schlechte Frag, Foisl! Brims, du hoscht den Antrag gstoit, wos moanst'n du?"

Aller Augen richten sich auf Stadtrat Brims.

„Hohheitle hi, hohheitle her, de Antn soin desweng an Beamtnschtatus kriang, wei ma s' aar ausm Beamtnetaa zoihn miassn, dös is ganz oafach!"

„Wiaso zoihn, de koschtn ins do nix, do entschtengan do koane Fuaddaköschtn, boi s' d' Schneckn fressn!"

„Aba 's Oschaffa koscht wos!" belehrt der Bürgermeister den Zwischenrufer, „moanscht, daß ma s' gschenkt kriang! Oiso, ausm Beamtnetaa, moanscht, Brims? Gor net schlecht, der is sowiaso da aufblosna vo olle Poschtn, do konn se da Ogschtoitnetaa und erscht recht da Arwataetaa vastecka. Da Brims hot scho recht, de Antn miass ma ausm Beamtnetaa oschaffa, na miass ma s' aa zo Beamte macha, de Antn!"

„Mit Ernennungsurkunde, dös waar na do scho dös Scheena!" murmelt der Stadtsekretär Griesmeier in seinen Bart hinein, aber so, daß es keiner hören kann, sonst fielen sie alle über ihn her; denn als Beamter ist er der Minderste hier im hohen Gremium und hat das Maul zu halten (was sich die Enten als Beamte sicherlich nicht gefallen lassen werden – vor ihren mutig geschnatterten Meinungsbekundungen wird sogar der hochwohllöbliche Stadtrat kapitulieren müssen!).

Griesmeier hatte schon frühzeitig den obersten Grundsatz im Beamtendasein zu beherzigen gelernt: nie und nimmer eine eigene Meinung zu haben und, falls er dennoch eine solche haben sollte, sie tunlichst für sich zu behalten; denn nur einem Politiker ist es vorbehalten, eine Meinung zu haben und sie ungestraft hinauszuposaunen.

„Oiso, aus'm Beamtnetaa, dös leucht ei!"

Allgemeine Zustimmung.

Stadtrat Haberl:

„Do wern aba de schtädtischn Beamtn net schlecht schaung, boi eahna de Antn an Etaa wegfressn!"

Allgemeines Gelächter.

Stadtrat Brims:

„Na soin hoit de Bamtn d' Schneckn fressn, na bleibt eahna da Etaa dahoitn!"

„Und d' Antn kemma ins sparn!"

Die verdüsterte Miene des Stadtsekretärs Griesmeier hellt sich etwas auf.

„Mit de Schneckn alloa wern s' net zfrien sei, de Beamtn, boi s' d' as ibahaps fressn! Desoin san scho besserne Habbal gwöhnt! De san scho recht ausgstocha!"

„Schneckn fressn s' da scho, de Beamtn, aba Schneckn in da Buttersoß!"

„A so is's! Aba moants ös, daß enk oa Beamta in Friedhof nausgäht und Schneckn frißt, do kennts as schlecht, de Beamtn, de schlecka liawa aus'm Maßkruag! Oiso bleibt ins nix anderscht ibre, ois wia de Antn oz'schaffa, auf de Beamtn braucht ma ins net z'valassn!"

Der Stadtsekretär Griesmeier versinkt geknickt in seinem Protokoll:

Oiso do Ernennungsurkunden für Antn! Dös is da Gipfe! Mir Beamte san scho für gor nix!

„Boi na de Antn de Schneckn gor net orührn? Na san ma do auf de Beamtn ogwiesn!"

Alle blicken irritiert auf den Zweifler und Störer des schönen Bildes von den indischen Laufenten als Schneckenfresser und Problemlöser.

„De wern s' na scho fressn, warum soir an Antn koane Schneckn net möng!"

Über diese Zuversicht und Unerschütterlichkeit des Stadtrats Brims erleichtert, atmet das Gremium hörbar auf.

Der Bürgermeister kategorisch:

„Oiso nacha, Antn miassn her, und oschaffa dean ma s' aus'm Beamtnetaa. De Deanschtaufgabn san aa klar. Aba wer soi na de Deanschtaufsicht ausiam? Hot oanar an Vürschlog? Brims, wos moanst'n du, du bischt da Otrogschtella?"

Stadtrat Brims:

„Dös derfat ja woih klar sei, daß mir de Deanschtaufsicht hom, naame da Stadtrat, und du, Burgamoaschta, du bischt da Deanschtvürgsetzt!"

„Dös woaß i! Wer aba soi de Antn oweisn, daß s' d' Schneckn fressn soin, dös konn do net da ganze Schtadtrat doa, und i aa net, do hätt i vui z' doa! Und wer soi dene Antn song, vo wann bis wann eahna Deanschtzeit gäht! Lesn kenna s' ja net, daß mar eahnar an Anschlag macha kunntn im Leichenhaus am 'Schwarzn Brettl'. Boi de net a greglte Deanschtzeit hom, na watschln s' glei zon Beamtnbund und beschwern se!"

„Na miass ma hoit a Deanschtanweisung erlassn, in der wo oissammete greglt is. Da Griasmoar muaß s' ausarwatn, de Deanschtanweisung, der kennt se aus!"

Der Stadtsekretär Griesmeier lächelt süßsauer über das unerwartete Lob aus sonst gar nicht lobesfreudigem Stadtratsmund und nickt dienstbeflissen.

Der Bürgermeister wendet sich an ihn:

„Hom S' ghört, Griasmoar, a Deanschtanweisung macha S' ma, und schreim S' nei, vo wann bis wann de Antn Schneckn fressn miassn, wann s' eahna Ruhepause hom, und wer eahna de Anweisunga erteilt. I moan, mir wern an Friedhofswärter beauftragn."

„Boi s' dem foing scho, de Antn! Da Friedhofswärter is ja bloß an Arwata! Vo dem lassn se de Beamtnantn bestimmt nix song! Do muaß a Beamta her, a Gleichrangiga, freile um oa Besoldungsgruppn iba de Antn, daß s' sähng, da anda is eahna Vürgsetzt."

Der Stadtsekretär Griesmeier zuckt merklich zusammen. Soll er etwa der Vorgesetzte der Enten werden? Die Enten würden bestimmt nicht höher besoldet werden als Stadtassistenten, also eine Besoldungsgruppe unter der seinen. Wird auch gut sein! Als Stadtsekretäre würde man die Enten doch hoffentlich nicht anstellen, es sei denn, man beförderte ihn selber, Griesmeier, zum Stadtobersekretär! Dann ließe er sich die Enten als Stadtsekretäre gerade noch eingehn, wenn auch Schneckenfressen mit Protokollführen, so wie es ihm obliegt, in keiner Weise vergleichbar ist!

Stadtrat Brims meint:

„Boi s' am Friedhofswärter net foing, na muaß hoit da Friedhofsreferent persönle her, dös is zwar koa Beamta, aba a vom Voik Gwählter, oiso fascht dös Hächste, wos's gibt, vui mehra ois a windiga Beamta. Naa, naa, Griasmoar, do brauchst da nix denga, du bischt net gmoat!"

Der Stadtsekretär Griesmeier, der schon eine beleidigte Miene aufzusetzen begann, verzieht seinen Mund ob des stadträtlichen Beschwichtigungsversuchs zu einem gequälten Lächeln, und Stadtrat Brims fährt fort:

„Oiso nachat, am Friedhofswärter wern s' net foing, de Antn, an Beamtn ois Aufsichtsperson woi ma net" – er nickt begütigend zu Griesmeier hin, und der dankt ihm mit einem Bückling – „na muaß's da Friedhofsreferent höchsteigen macha! Schorsch, wos is?!

Der Schorsch hat sich bisher mucksmäuschenstill verhalten, obwohl er als gewählter Friedhofsreferent ein gewichtiges Wort bei der Entenbeschaffung mitzureden haben müßte. Nun, da er gefordert ist, sperrt er Mund und Augen auf:

„Wos moanscht, i soi de Antn beaufsichtign, wo se net amoi de Leichntraga und Grabmacha wos song lassn vo mir! Aba soipfaschtändle, boi se koan anderna net findt, muaß i mi opfern, do beißt d' Maus koan Fon net o! Aba oans miaßts bedenga: Wern de Antn de Bolidigga foing, boi mir do net so bsunders ogschriem san bei inserne Wähler, indem daß mir d' Hundeschteier nauftriem hom, wei s' oiss dascheißn!"

„Wer, inserne Wähler?"

Erheiterung.

„Naddierle d' Hundt! I ko's jar amoi brobiern! Schreibst as hoit nei in dei Deanschtanweisung, Griasmoar, daß i soim, da Friedhofsreferent, da Vürgsetzt vo de Antn bi!"

Der Brügermeister anerkennend:

„Dös is a Wort, Schorsch, olle Achtung vor deiner! Dös nenn i amoi ar Aufopferung fürs Gmeinwohl!"

Beifälliges Gemurmel.

„Aba d' Organisation mach i eich aba net, daß as wißts!"
mault der zum Opferlamm für das Gemeinwohl Auserkore-
ne, „d' Organisation ko macha, wer wui!"

Alle schauen verdutzt auf den Friedhofsreferenten.

„D' Organisation? Wos moanscht'n damit, Schorsch?"
fragt der Bürgermeister.

„Ganz oafach: Wer kaaft na de Antn ei? Wer führt de Ver-
handlunga? Wer baut eahnar an Stoi? Du koscht as do iba
Nocht net im Frein lassn! Boi s' d' Marder daschmecka, de
schnappn da s' glei weg iba Nocht! Und an Winta, wos
machscht'n an Winta mit de Antn, wo's koane Schneckn net
gibt? Soin s' na an Schnää fressn? Do braucha s' a Fuadda!
Wer soi dös beschaffa? I net, dös sog i enk glei! I bi net enka
Daggl!"

Das ganze Gremium ist starr vor Staunen über den
Schorsch. Soviel hat der Schorsch noch nie gesprochen
während einer Sitzung. Sein Beitrag war bisher meist ein
beifälliges Nicken oder ein unwilliges Schütteln seines ge-
waltigen, von einer mächtigen Glatze mit Haarkranz ge-
schmückten Hauptes. Alle Achtung vor dem Schorsch, wie
spitzfindig und bis in die letzten Verästelungen hinein er das
Problem durchdrungen hat! Alle Achtung! Sogar der Stadtsekretär Griesmeier äußert seine Hochachtung mit einem
halblauten: „Ja do vareck!" Aber niemand beachtet den nixi-
gen Beamten.

„Saxndi!" ruft der Bürgermeister erschrocken, „dös hätt i
iatz boid vagessn, guat, daß d' mi dro erinnerst, Schorsch, oiso
brauch ma do an Beamtn! Griasmoar, dean S' ma drodenga,
daß ma's in Stellnplan neischreim, den wo ma bei da nachstn
Sitzung behandeln!"

„Scho wiada a neie Beamtnstoi!" murrt ein offenbar den
Beamten nicht wohlgesonnenes Stadtratsmitglied, erkenntlich
ein Handwerksmeister mit seinen wie gehobelten Schreiner-

locken. „Ös blaahts ja den Stellnplan ganz schee auf! Iatz wo ma sparn miassn und wo ma d' Hundesteier naufgsetzt hom! Dös kennts am Bürga net schmackhaft macha, daß a für a weitere Beamtnstoi bluatn soi!"

„Machst na du d' Organisation, Hias, wos d' net amoi an Bleistift gscheit hoitn konnst, geschweige denn schreim damit?" frozzelt der Bürgermeister.

Der Hias zieht sein Genick ein und schweigt, wie nur ein Weiser schweigen kann.

„Oiso, a neie Beamtnstoi schreim S' nei in'n Stellnplan, Griasmoar!"

„Is recht, Herr Bürgermeister!"

„Boi's aba na nix werd?"

Schon wieder ein Zweifler!

„Wos nix werd?" mault der Bürgermeister nach.

„I moa, boi ma de Antn wieda wegdoa miassn, wei s' d' Schneckn net fressn! Na hom ma den Beamtn auf'm Gnagg für nix und wieda nix! Wo dean ma na den hi? Mir kenna do den net fürs Nixdoa durchfuadan! Den kemma do net oafach wegdoa wia d' Antn!"

„Do brauchst da koa Sorg net z' macha, Guschtl, für den Beamtn wern ma na scho dengerscht a Pöschterl findn! Do drucka se so vui rum an Amp, daß der gor net auffoit!"

„Aba bein Diridari, Burgamoaschta, do foit a na net auf?"

Der Gustl reibt Daumen und Zeigefinger aneinander.

„Aba bein Diridari, do werst'n na scho wieda findn, dein Beamtn, do foit a da na scho wieda auf! Na kimmst wieda daher mit ar a Schteiererhöhung! Aba ohne mi!"

Einige Stadträte nicken beifällig. Die Opposition halt! Von der kann man auch nichts anderes erwarten als Dagegenreden!

„Na laßt ma hoit d' Antn glei sei, boits Köschtn scheichts! Na soin d' Schneckn hoit weida d' Bleame vo de Graba fressn! Wia na d' Leit schimpfa wern, dös ficht de net o, Guschtl! Na machscht as hoit du am Wähler begreifle, warum d' Schneckn weidahi d' Bleame fressn derfa – weis du d' Köschtn scheichst!"

Der Gustl hat natürlich nicht vor, dem Wähler etwas begreiflich zu machen, wozu auch, wenn er auch so gewählt wird! Auch er zieht es vor, in das Schweigen eines Weisen zu versinken.

Schon seit geraumer Zeit hebt in der hintersten Sitzreihe ein weibliches Stadtratsmitglied den Finger, um seinen Diskussionsbeitrag leisten zu dürfen. Aber bis in die hinterste Sitzreihe scheint das Blickfeld des Bürgermeisters nicht zu reichen. Da sitzen eh nur die Außenseiter, die, sollten sie einen Antrag stellen, ja sowieso nur Gelächter ernteten und überstimmt würden.

„Wos wui denn de Gschaftlhuaberin!" brummt der Bürgermeister unwillig. „Wos wuist'n, Mare, spannst denn net, daß mir scho fascht firti san! Red hoit nacha, bois d' moanschst, aba net z' lang!"

Die Mare mit dem bürgerlichen Namen Maria Brummer hebt an:

„Wos gschiehcht na mit de Antn, boi s' hergfressn, i moa, boi s' schlachtreif san? Frißt as na du, Burgamoaschta?"

„Iatz schaug de net o, erschtns konn i gor net so vui Antn dafressn, es wern oiwei a Stuck ar a dreißge sei miassn, boi 's dagem soi, zwoatns vagreif i mi net am Stadteigentum, sovui soischt me scho kenna, Mare, dös waar ja no dös Scheena! I de Antn fressn? Naa, naa, de ko vo mir aus fressn, wer wui! Na frißt as hoit du, Mare!"

Alle lachen. Aber die Mare läßt sich nicht so leicht drausbringen. Widerstände, gleich gar von seiten der Männer, ist sie gewohnt.

„I stoi den Antrag, daß mir de Antn nach da Weihnachtssitzung in da Wirtschaft essn! Na sparn ma uns dös Goid für an Schweinsbron! Freile, dössoi scho, 's Bron werd scho aa wos kostn und da Silot aa! Aber dös werd d' Stadt net umbringa!"

„Do hot s' net ganz unrecht, d' Mare!"

Ein paar verständige Männer gibt es halt doch noch im Stadtrat. Leider sitzen sie meistens auf den Bänken der Opposition.

„Oiso guat, na kennts as auf Weihnachtn inhaliern, de Antn, aba i frieß eich nix vo dene Godsackerantn, pfui Deife! Zerscht fressn s' Godsackerschneckn und wern foascht davo, na soin s' mir wieda fressn! Moanscht, mir graust vor gor nix, Mare!"

„So aus is's aa wieda net, Burgamoaschta, boi mir de Antn fressn, hom s' d' Schneckn scho längscht vadaut! Mir macht's nix aus, boi de Schneckn zerscht auf de Graba umanandakrocha san und Grabbleame gfressn hom! So ausgstocha braucht ma do dengerscht net sei!"

Stimmen des Unmuts werden laut:

„Dös kennts eich denga, daß mir de Antn fressn! Packts as do de arma Leit nei in d' Weihnachtspackl, de gfrein se recht sakrisch und mir sparn ma uns a Goid!"

„Ganz recht!" erschallt es aus der erlauchten Runde, aber auch:

„Hört, hört, de arma Leit daan s' as scho zuamuatn, de Godsackerantn, dös is a Gesinnung!"

Der Bürgermeister grantelt:

„Boi mar a so koa Einigung findn, na stimm ma ab! Wer is für's Soibaessn? – Fimfe! – Wer is für de arma Leit? – Fuchzehne! Hoit, i muaß mi ja aa no mitzoihn: Sechzehne! Dös is de Mehrheit! Dei Antrag is abglehnt, Mare! Auf Weihnachtn kriang de arma Leit an Antnpackerl!"

Die Mare ist erzürnt:

„Boi s' na okemma, de Antn, bei de Empfänga, na san s' gstingert!"

„Du traust aba insara Poscht scho glei gor nix zua, de schlaft do aa net! Und außerdem is's Winta, do kenna de Antn net so schnoi gstingert wern!"

„Boi's na an Föhn hot, na hom ma auf Weihnachtn zwanzg Grod Wärm, und d' Poscht hot vor Weihnachtn so vui z' doa, daß leicht wos liengbleibt!"

„Jo, boi de Beamtn schlaffa, na bleibt leicht wos lieng!"

In der Seele des Stadtsekretärs Griesmeier fängt es an zu brodeln, aber da er Beamter ist und gefälligst seine Meinung für sich zu behalten hat, läßt er das Brodeln nicht an die Oberfläche steigen und schweigt. Gehört er also auch zu den Weisen wie manche der meist schweigenden Stadtratsmitglieder? Auch nur einen aufmüpfigen Gedanken zu fassen, geschweige denn ihn zu äußern, getraut und gestattet sich der Stadtsekretär Griesmeier nicht, da er eben Beamter ist, den man nicht ungestraft mit einem gewählten Volksvertreter gleichsetzen darf.

„Leit!" findet der Bürgermeister das Ei des Kolumbus, „na wart ma hoit so lang mit de Packerl, bis da Föhn wieda rum is und bis's wieda gfriert!"

Beifälliges Nicken.

„Do koscht lang wartn, bis's wieda gfriert, boi's amoi an Föhn hot! Na is Weihnachtn längscht vorbei, und boi de arma Leit eahnane Packerl kriang, wissn s' nimma, warum! Du koscht eahna do net auf Liachtmeß z' Weihnachtn gratuliern, Burgamoaschta!"

Die Mare spielt ihre Trümpfe aus. So leicht läßt sie sich nicht niederbügeln.

„De Nervnsäg hot ins grod no gfoit im Stadtrat, wenn s' no grod amoi da Ganggerl hoin daat!"

Der Bürgermeister ist ärgerlich und verhehlt es nicht. Er als Oberster kann es sich leisten. Ließe der Stadtsekretär Griesmeier seinem Ärger freien Lauf, würde man ihn zur Schnecke, ja zur Gottesackerschnecke machen. Allein schon von dieser Erkenntnis gekränkt, schnupft der Stadtsekretär auf. Keiner beliebt es wahrzunehmen und zu fragen, was er denn habe. Für die Seelenschwingungen eines Beamten haben die Stadträte keinen Sensor und sind dafür auch nicht zuständig.

„Wer schlacht na de Antn und rupft s'?" fängt die Mare wieder an den Nerven des Gremiums zu sägen an, voraus an denen des Bürgermeisters. „Du koscht as do de arma Leit net läwendde zuaschicka, Burgamoaschta!"

„Do werd se na scho oana findn, oda mächst as du macha, Mare?"

Der Bürgermeister lacht hämisch.

„Do daat i mi scho Sindn ferchtn! Naa, naa, da neie Beamte soi s' obdoa, für wos stoin ma'n o! Daß ar uns an Beamtnetaa kahlfrißt wia d' Antn und do nix duat, naa, naa! D' Antn arwatn weanigschtns und fressn d' Schneckn!"

„Hot de abar a gspitzige Fotzn!"

„Grod recht für'n Schtadtrat!"

„Ja, huif ihra no, dersoin Querulantin!"

„Wos bin i, a Querulantin? Dös nimmscht zruck, Burgamoaschta, sinscht zoag i di o!"

„Net gor a so gaach, Mare! I hob di net beleidign woin!"

„Werd aa guat sei!"

„Oiso na, boi se oiss beruhigt hot, na schreitn mir zur Abstimmung!"

„Wos, schreitn? Laaffa miaß mar aa no, mir san do koane hindischn Laafantn! Kemma do net hockableim? Du siehgst as ja, Burgamoaschta, boi ma d' Hand hem!"

„Do hot a recht, da Xare, laaffa wern mar aa no zwengs dem Schmarrn!"

„Iatz schnatterts do net oiwei durcharanand, ois waarts Antara! Do wern ma ja heit nia net firte! Freile kennts hockableim! Schreitn bedeit do net laaffa! Dös is hoit d' Amtssprach, a gehobene!"

„Gäh rutsch ins do an Buggl owe, Burgamoaschta, mit deina Ampsschprach! Stimm ma hoit oafach ob!"

„Naa, naa, so oafach gäht dös net! Boi mir ins für de

Antn entscheidn soin, na woi ma s' do zerscht sähng! Mir kaaft ma do net d' Katz im Sack!" Die resolute Stimme der Mare!

„Antn im Sack moanst woih! Mir kaaft ma do koane Katzn net! De fressn da koane Schneckn net!"

„Gäh, mach koane Danz, Lenz, du woaßt genau, wos i moa! Aba d' Antn mächt i zerscht sähng! A jäda Beamte, der wo se bewirbt, muaß se vorstoin, warum na net d' Antn, wo s' do quase Beamte wern!"

Der Stadtsekretär Griesmeier schließt die Augen vor seelischer Qual.

„Dös koscht do de Antn net zuamuatn, Mare, daß sa se bei ins vürschtoin, do miaß ma scho soiwa hifahrn zo den Antn! A Deanschtfahrt muaß her, Burgamoaschta!"

„Ja, a Deanschtfahrt mach ma!"

„Miaß ma do nach Hindien fahrn?"

„A wo, de Antn gibb's bei ins aa!"

„Ja, boi's a so is!"

Alle begeistern sich für die Dienstfahrt. Fast alle. Die Mare ist widerspenstig und grantelt:

„Wos dös ins oiss koscht! A Deanschtfahrt aa no! Do kimp ins ja d' Soß deira ois wia da Bron!"

„Beruhig de no wieda, oide Zwidawurzn! Zoihst as ja net soim, de Fahrtköschtn!"

„Aba da Birga zoiht s', dem wo mir d' Steier naufhaun miassn, und der ins nacha wieda wähln soi!"

„Bis zo de nachschtn Wahln hot da Birga dös wieda vagessn! Werscht scho wieda gwählt, Mare!"

„Boi's gwiß is!"

Der Bürgermeister fuchtelt mit seiner Pratzn hin und her:

„Kinna mir iatz obstimma, ob mir de Antn ostoin soin oda net?"

„Ja, fang no grod 's Zähln o, Burgamoaster, siehgst net, daß mir scho olle d' Hand hem!"

„Haltet ein, haltet ein! Eines muß noch diskutiert werden: die Nationalität der Enten!"

Alles ist baff. Woher plötzlich diese ungewohnte nicht-bayrische Stimme. Das kann doch nur der Spoekenkiek sein! Ausgerechnet dieser „Hintulektuelle"! Spoekenkiek, ein blonder Herr aus dem hohen Norden, von dem niemand weiß, wieso es ihn zu uns nach Bayern verschlagen hat (der Bürgermeister meint „zwengs da gsindern Milli, de wo inserne Küah gem!"), will der nun die Abstimmung vermasseln? Allein schon wegen seines Namens verdient er das volle Mißtrauen aller aufrechten Bayern („Boi der scho 's Mäu aufmacht!").

„Wia monscht'n dös, Schpoekenkiek?"

„Ich meine, die Bürger könnten Anstoß daran nehmen, daß es indische Enten sind und keine einheimischen!"

„Hoscht net kapiert, Schpoekenkiek, daß de einheimischn koane Schneckn net fressn?"

„Doch, doch, Herr Kollege! Aber leider lehnen unsere Bürger alles Fremdartige ab! Zum Beispiel die indischen Asylbewerber, die wir in unserer Stadt unterzubringen haben! Weil hier ein erhebliches Mißtrauen gegen alles Fremde herrscht! Und das könnte sich auch auf die indischen Laufenten übertragen! Ich habe da meine Bedenken! Bei der Mentalität der hiesigen Bürger!"

„Gäh weida, mach Mäus! Mir wern do net auf de Antn losgeh, wei s' aus Hindien kemma! Wos anderscht is's mit de Leit, de koscht net fressn wia d' Antn, boi s' nix daung!"

„Wir sind, Gott sei Dank, keine Menschenfresser! Jedenfalls, ich bin keiner. Ob Sie einer sind, Herr Kollege, das müssen Sie selbst beurteilen!"

„Höh, höh! Do daat i mi scho Sindn ferchtn! Moanscht, mir graust vor gor nix, Schpoekenkiek! A hindischa Hasilant waar mir net gschmacke gnua!"

Alle lachen.

„Lachen Sie nur, meine Herrschaften, damit beweisen Sie nur Ihre Gefühllosigkeit gegenüber den armen Flüchtlingen!"

„Wirtschaftsflichtling san s', koane Hasilantn!"

„Im Gegensatz zu Ihnen, Herr Kollege, der Sie selbstverständlich kein Wirtschaftsflüchtling sind! Sie fliehen ja nicht die Wirtschaft, wobei ich die Gastwirtschaft meine, sondern suchen sie so häufig, suchen sie so lange auf, bis man Sie hinauswirft!"

„Do hot a recht, da Schpoekenkiek! A Hund is a scho!"

Allgemeines anerkennendes Gewieher.

„Oiso nacha, mim Fremdnhaß bei de Birga werd's net so weit her sei, boi mir de hindischn Antn oschaffa! Dös is grod a guate Gelegnheit, um inserne Toleranz geng de Fremdn z' demonstriern, und inserne Birga dea ma teschtn, wia s' mit da eahna schtäht, mit da Toleranz, moan i! Ar Antn koscht do net oblehna, bloß wei s' a hindische is! Bei an Menschn freile is's wos anderscht! De Hinder daan ins boid dominiern, oda wia dös hoaßt. Boi d' Antn z' vui wuradn, wuradn s' wegdo, d' Hinder koscht net wegdoa!"

„Wobei Sie mit ‚wegdoa' Durchtun meinen, Umbringen, Herr Bürgermeister! Sagen Sie es nur frei heraus!"

„Schpoekenkiek, du bischt a Schpinna! Koa Mensch hot wos vo'n Umbringa gredt! Dös macht ma heitzedog nimma!"

„Da gibt es diffizilere Methoden, freilich! Hinausekeln!"

„Boi ma no di net nausäggln, Schpoekenkiek! Wos hoscht denn du ibahaps bei ins zon suacha! Gäh hoit na zruck zo deina Watakant oda wia dös hoaßt! Bei ins daat a se aufmandln, da ganz Anda!"

„Iatz gebts amoi an Ruah! Ren iatz mir iba Breißn oda iba d' Antn! Laß obstimma, Burgamoaschta! Mir mächt mar endle zon Bier!"

„Da haben wir es, unsere Wirtschaftsflüchtlinge, nichts als die Gastwirtschaft im Sinn!"

„'s Mäu hoit! Iatz werd obgstimmt! Wer is für de Antn?
Oans, zwoa, drei, viere, fimfe ...oanazwange! Oiso olle, aa
du, Mare, und du, Schpoekenkiek! Dös derf do net wohr sei!
Iatz stimma auf oamoi olle dafür! Aba zerscht se Pfotzn
zreißn! Dös mog i, ös Bagasch, ös windige!"

Die Zufriedenheit, mit der der Bürgermeister seinen Aus-
spruch tut, der in anderen Kreisen als Beleidigung gälte, zeigt,
daß er es nicht bös meint, im Gegenteil: In der Bezeichnung
„Bagasch" schwingt eine erhebliche Portion Anerkennung
der Hinterfotzigkeit seines Gremiums mit. Die Belustigung,
die selbiges erfaßt, offenbart, daß es sich verstanden fühlt und
nicht beleidigt ist. Kennen muß man sich halt! Der Herr Spoekenkiek, von ganz anderem Geblüt, hat da noch seine Er-
kenntnislücken und folglich Schwierigkeiten.

Der Herr Stadtsekretär Griesmeier klappt sein Protokoll
zu und ist zufrieden, daß nicht noch ärger auf die Beamten
eingedroschen worden ist, und daß er somit ruhigen Gewis-
sens seinen Mund halten kann, ohne schamrot zu werden. Eines aber kann er sich dennoch nicht verkneifen: Er brummelt,
als der Antragsteller Brims mit stolz geschwellter Brust ob
seines Erfolges an ihm vorbeistolziert, ohne den kleinen Beamten, den er allenfalls einer Ente für ebenbürtig hält, eines
Blickes zu würdigen:

„A so a indische Laufantn, a so a gspinnerte!"

Künftig wird er den Stadtrat Brims nur mehr als solche bezeichnen, natürlich ohne die Lippen zu bewegen.

Meine Informantin, die der Stadtratssitzung beigewohnt
habende Schnecke, aber zog es vor, nicht mehr in den städtischen Friedhof zurückzukehren, sondern vielmehr in meinem
Garten Asyl zu suchen, was ich ihr offenen Herzens ge-
währte. Niemand also kann behaupten, ich habe kein Herz
für Asylanten!

Die (k)östliche Aphrodite

Unsere Stadt ist eine kunstsinnige Stadt; denn alljährlich wird ein Blumenschmuckwettbewerb durchgeführt, bei dem vorzüglich mit Geranien geschmückte Balkone begutachtet und unter diesen die am üppigsten umwucherten prämiiert werden.

Man läßt es sich auch nicht nehmen, jedes Jahr eine Kunstausstellung zu veranstalten, und zwar im August, wenn sich das Auge schon auf die Herbstfarben Gelb, Gold, Braun und Rot umzustellen beginnt, was sich die Künstler mit geübtem Blick zunutze machen, indem sie entsprechende Farbkleckse auf die eselsgeduldige Leinwand bannen.

Unter den ausstellenden Künstlern sticht einer besonders hervor, der souverän mit den genannten Farben hantiert und den von ihm bevorzugten Motiven, meist barbusigen weiblichen Körpern, einen spätsommerlichen Anstrich verleiht. So glühen denn dem Betrachter aus seinen Bildern die goldgelbsten Mirabellen, Birnen und Pomeranzen entgegen, und der Maler bezeichnet ihre Trägerinnen gewiß nicht als verkappte fruchttragende Bäume, sondern als Liebesgöttinnen und dergleichen, und der unbefangene Betrachter hat's zu glauben.

Nun ja, der Betrachter! Der ist meist ein braver Bürger unserer Stadt und hat nicht wenig übrig für die Kunst, etwa wie der Kornprobst Blasius, der Stadtrat ist und es in dieser Eigenschaft sogar zum Kulturreferenten gebracht hat, auch weil er sich durch abendliche Volksbildungskurse einige handfeste Grundkenntnisse in der Malerei angeeignet hat, was ihn dazu befähigt, die Erzeugnisse derjenigen Mitbürger, die sich Künstler zu nennen belieben, von einer gewissen fachmännischen Warte aus zu beurteilen. Auf den ausgestellten Winterwäldern, Frühlingswiesen oder ährenstrotzenden Kornfeldern ruht sein Blick mit Wohlgefallen, während er vor den barbusigen Liebesgöttinnen die Brille abnimmt, sein Haupt zu den köstlichen Früchten hinabbeugt, als wolle er hineinbeißen, und dann zwei Schritte zurücktritt und wieder einen vor, die Brille von neuem aufsetzt und seufzt:

„Ganz stimmt s' ja net, d' Perspektiv, und d' Farbn san aa z' aufdringle!"

Über die Nacktheit der Früchte, und wie diese auf ihn persönlich wirkt, läßt er sich nicht aus, doch man sieht ihm an, daß er ein in jeder Hinsicht gefestigter Mann ist und sich von dem bißchen Unkeuschheit, das einem halt aus allem entgegenlockt, auch aus Bildern, nicht beirren läßt.

Bei der diesjährigen Kunstausstellung aber verschlug es dem Blasi denn doch die Sprache, als er einer vom Künstler so bezeichneten „Östlichen Aphrodite" ansichtig wurde, die ihre Köstlichkeiten schon allzu reizend, um nicht zu sagen aufreizend, zur Schau stellte, und er stieg auf die Barrikaden, respektive auf einen zufällig vorhandenen Fußschemel, um die argen Blößen mit seinem nicht mehr ganz sauberen Schnupftuch zu bedecken. Zum Glück hatte dieses die Ausmaße des Bildes, und so war, Gott sei Dank, von der „Östlichen Aphrodite" nicht einmal mehr das winzigste Fleckchen zu sehen.

„An Busn wenn a bloß zuadeckt hätt, na hätt's as aa do!" grantelte ein Besucher der Kunstausstellung, der den Blasi bei seiner Nothandlung beobachtete, „muaß der dös ganze Wei mit seim gstingertn Schnupfdawaggdiachl vaschandln!"

Ein weiterer Besucher in Gestalt eines „besseren Herrn" näherte sich und betrachtete interessiert das von dem rotgolden gesprenkelten Rahmen umgebene Schnupftuch mit den braunen Tabakflecken. Da er den Blasi, der befriedigt ob seiner Verhüllungskunst, wieder vom Schemel herabgestiegen war und sinnend vor seinem Schnupftuch stand, für den Künstler hielt, wandte er sich an ihn mit den Worten:

„Orijinelle Idee, das mit dem Schnupftuch, der reinste Beuys, gratuliere!"

„Auwäh, a Breiß!" dachte der Blasi, „und für'n Schöpfer vo dem Buiddl hoit a mi aa no!"

„Wat ham Se sich bei jedacht, Meesta, könn Se ma wat zu sajen?"

„Naa, durchaus gor nix!"

„Wie bitte?"

„Durchaus gor nix kon i zo dem Buiddl song!"

„Aber Sie sind doch der Künstler, nich wahr?"

„A wo, der bin i durchaus gor it! Do miassn S' scho zo dem soin Gspinnertn geh, der wo de nackertn Weiwa malt!"

„Ach nee, nackte Weiber? Der muß ja 'n doller Kerl sein, à la Veni, vidi Miezi: Ich kam, sah und siechte, wie der Lateiner sagt."

„Han?"

„Nix han, Meesta! Wo find ick denn den Jockelhahn?"

„Warum? Woin S' eahm ebba wos obkaaffa? Boi S' vüre gehngan zo da Kassa, do wern S'n scho findn, do hockt a de meist Zeit und specht drauf, ob eahm a so a Damischa a nackerts Wei obkaaft!"

„Was Sie nur immer mit Ihr'n Nackedeis haben, juta Mann, ich seh nirjends eenes!"

„Net? Na ziahngs S' amoi dös Diachl vo dem Buiddl owa, na wern S' glei sähng, wos drunter is!"

Der Besucher stieg, neugierig geworden, auf den Fußschemel, entfernte hastig das Schnupftuch und blieb wie angewurzelt stehen.

„Tatsächlich, eene Nackte, und ich dachte, 'ne Beuys-Imitation! Nu bin ick awa baff!"

„Goi, do bleibb Eahna da Schbeiwe weg! Schaung S' as Eahna no gscheid o, de Nackert, ebber foit Eahna wos auf! Net?"

„Nee!"

„Sähng S' dös net, daß de Nackert an Hikona sei soi?"

„Eine Ikone, wat Se nich sajen! Mit viel Phantasie vielleicht, ick weeß nich!"

„Boi e's Eahna sog! Dös is an östliche Aff-, Affroduttn, -dittn, hot da Maler gsagg, a bi, a bizantinische aa no!"

„Aphrodite, meinen Sie wohl, die griechische Göttin der Liebe!"

„Han?"

„Noch nie wat von jehört, wa? Je nun, ich hielte das Bildchen eher für ein Madonnenbildnis denn für 'ne Liebesgöttin! Aber byzantinisch? Nee!"

„Boi e's Eahna sog!"

„Nu, meinetwejen, wenn's der Künstler so jenannt hat!"

„Grod a so hot a's gnennt, an Aff-, so wos Damisch's! Aba wia Sie song, mir kimmt's aar eahnda wiar a Muaddagottes vür, boi no de zwoa mordsmäßign Baunzn net waarn! De passn do scho gei gor it zo aar a Muaddagottes! Boi s' a soichtane sei soi, wia kon ihra da Maler zwoa soichtane Baunzn hibatzn! Dös gäht do scho gei gor it!"

„Wat errejen Se sich! Ich finde das Bild recht ästhetisch und keineswegs anzüglich!"

„Boi s' aba do a Muaddagottes is, de Aff-, Affroduttn, -dittn!"

„Aphrodite!"

„Sog i ja! Boi s' a Muaddagottes is, na is's a Sauarei!"

„Wieso, die Mutter Jesu war doch ooch 'ne Frau und hatte 'nen Busen wie jede andere! Dessen braucht sich keene zu schämen, ooch nich die Mutter Gottes. Ich kenne mittelalterliche Meister, die Maria mit entblößter Brust, das Jesuskind stillend, gemalt haben. Dat is hehre Kunst! Keen Mensch regt sich drüber uff!"

„Kunst hi, Kunst her! Es gäht amoi net, daß ma d' Maria ois aar a Nackerte himoit mit zwoa soichtane Baunzn, wo ma glei neibeißn mächt!"

„Nu sieh mal eener an! Kleena Lüstling, wa?"

„Ja no!"

„Mir tun se nichts, die Knaller, im Gejensatz zu Ihnen! Was Sie da als Ba, Ba …unzen bezeichnen, ist doch völlig harmlos! Ick finde die Rundungen vielmehr reizend, um nich zu sajen köstlich! Reimt sich auf östlich! Is wohl doch 'ne östliche Aphrodite, mit viel Phantasie! Könnte aber ooch 'ne Fruchtbarkeitsgöttin sein!"

„Wos is'n dös für oane?"

„Noch nie jehört?"

„Naa!"

„Wie denn ooch! Bei euch Bayan jeht's ja wohl ohne Fruchtbarkeitsgöttin, ha, ha, ha!"

„Ah, iatz how i Eahna! Sie san mar awar a ganz an Odraahda! Freile gäht's bei ins ohne a soichtane! De daat de Oid hochkant außeschmeißn!"

„Herrjeh! Nischt allet kapiert, wa? Was ick immer saje: Ihr Bayan lebt wohl doch noch hinterm Mond!"

„Do deischn S' Eahnar awa schwaar! Wer hot denn dös Buiddl für an Bois ogschaugt, oda wia se dasoi schreibb! Wer lebb na hinterm Mond, boi ma frong derf?"

„Nu beruhijen Se sich! Hätte ja 'ne Beuys-Imitation sein können, das Bild mit dem apart hinplazierten Schnupftuch – wenn Sie es mir nich entzaubert hätten!"

„Und ös laßts eich vo aar am Schnupfdawaggdiachl deischn, ös Breißn, vo lauta Kunstvaständnis, dös wo eich da Bois, oda wia dersoi Gsoi hoaßt, eigschbiem hot! Lebts ös na net hinterm Mond, ha!"

„Nu lassen Se man den jut'n Mond, Mann, und kehr'n Se zu Ihrer Muttergottes zurück, die Sie für 'ne Sauerei halten!"

„Do net d' Muaddagottes! 's Buiddl, moan i, is a Sauerei! Boi i zo dera Muaddagottes bättn miaßt, na miaßat i oiwei de zwoa sakrischn Baunzn oschaung, do waar's mit da Andacht boid vorbei!"

„Wer sagt Ihnen denn, daß Sie zu diesem Bild beten sollen! 's ist ja sowieso bloß 'n Phantasiejebilde des Malers, Aphrodite hin, Madonna her!"

„Pfantasibuiddl, song S'! Dös waar ma de recht Pfantasi, boi da Maler de Baunzn vo seine Modeller obgschaugt hot, de wo oiwei in seim Addalier umanandaflagga! De hom scho wos Handfests dro und net bloß a Pfantasi!"

„Ebent! 'n Maler benötigt was Reales, Aktmodelle, sozusajen körperliche Vorlajen, wenn er 'n jut'n Akt malen will!"

„Jawoih, zerscht ois aar a Vorlag, nachert ois aar a Untalag, ha, ha, ha!"

„Nu wer'n Se nich frivol! Ick mache mir lieber uff'n Weg zum Maler, vielleicht hör ich von dem was Authentisches!"

„Und kaaffa S' eahm de Aff-, Affroduttn, -dittn, oda wia s' hoaßt, ob, do gfreit a se recht, dasoi Hungaleida. Soim nix z' beißn hom, aba se Modeller hoitn für seine nackertn Buiddl! Dös mog i! Vo wos wui a de zoihn! Vo seine Deanschtn" – der Blasi zwinkerte mit seinen Augendeckeln – „wern s' na do scho net zfrien sei!"

„Könn' Se 's wissen, Sie Ureinwohner!" sprach lachend der „Breiß" und indem er dem verdutzten Blasi ein „Tschüss" zurief, entfernte er sich in Richtung „Kassa".

A batschierlicha Herr, da Breiß! dachte der Blasi, abar a Spinna! Kopfschüttelnd blickte er dem „Breißn" nach, den er für so gspinnert hielt, das unkeusche Bild zu kaufen, und als er in den Hosensack griff, um sich nach der Anstrengung des Gesprächs mit seinem Schnupftuch den Schweiß von der Stirne zu wischen, griff er ins Leere. Hat ihm doch tatsächlich der „Breiß" sein Schnupfdiachl dachlt – um mit ihm die Affrodittn, wenn er sie kaufte, zu verhängen, damit er zu guter Letzt doch noch eine Bois-Imitation habe?

Die Dichterlesung

In der am Rande des Mooses gelegenen Kleinstadt Finstermoching lebt der Dichter Eustachius Hintermeier, der seit
Jahren mit seinen lyrischen Erzeugnissen die Aufmerksamkeit der Mösler und auch der örtlichen Presse, der „Finstermochinger Nachrichten" und der „Finstermochinger Neuesten", zu erregen vermag. Ja, sein Ruf als Lyriker muß sogar
über die Grenzen des Mooses hinaus gedrungen sein, hätten
sonst der „Miesbacher Anzeiger" und der „Altöttinger Bru-
der-Konrad Bote" Gedichte von ihm gedruckt!

Eustachius Hintermeier ist ein fruchtbarer Dichter, der an seine Sendung glaubt und Jahr um Jahr seine lyrischen Erzeugnisse in Druckform der Öffentlichkeit präsentiert, zugegebe-
nermaßen mit kräftigen Finanzhilfen lyrikbegeisterter Gönner.

Einer der eifrigsten Förderer des Dichters Eustachius Hintermeier ist der Baugeschäftsinhaber Hirnhammer. Er, dessen Vater die Baumaterialien noch mit einem Ochsenkarren
transportiert hat, ist jetzt stolzer Besitzer von drei Lastkraftwägen und eines Baukrans und folglich der Meinung, aus einem Finstermochinger Verserlschreiber ließe sich ein Dichter von Rang machen, wenn man nur genügend Geld in ihn
hineinstecke, so wie er selbst das Maurergeschäft seines Va-
ters durch gezielte größere Investitionen zu dem ansehnlich-
sten Baugeschäft weit und breit hochgebracht hat. Derweil hat
Georg Hirnhammer niemals das ehrsame Maurerhandwerk
von der Picke auf erlernt, sondern hatte sich vielmehr in allen möglichen Tätigkeiten versucht, angefangen vom Kassier
beim örtlichen Rauch- und Sterbeverein bis hin zum persönlichen Referenten eines Landtagsabgeordneten. Wie er letzteres ohne höhere Schulbildung oder gar Studium geschafft
hatte, weiß der Teufel, aber der Landtagsabgeordnete wußte
wohl aus eigener Erfahrung, daß man zum Politiker nichts an-

deres braucht als ein gutes Maulwerk und eine gehörige Portion Ellenbogenmentalität. Was sollte da ein persönlicher Referent klüger sein als sein Herr und Meister selbst! Aus irgendeinem Grund feuerte der Landtagsabgeordnete den Georg Hirnhammer, wohl weil ihm dieser vermöge seiner Bauernschläue auf einige Schliche gekommen war und sich verplaudert hatte, wie die Finstermochinger mutmaßten. Wie dem auch sei, Hirnhammer senior zwang seinen Sohn in das Maurergeschäft hinein, wo er zunächst auf dem Ochsenkarren mitfuhr, wenn Baumaterial transportiert werden mußte. Der nicht mehr ganz junge Hirnhammer junior schämte sich entsetzlich vor den Finstermochingern, wenn er auf einem Zementsack saß und die gehfaulen Ochsen mit der Geißel anzutreiben versuchte, er, der ehemals persönliche Referent des Landtagsabgeordneten! Wenigstens die Ochsen mußten gegen Pferde ausgewechselt werden, wenn es schon zu einem Lastkraftwagen nicht reichte! So geschah es denn auch, und die Miene des Hirnhammer junior hellte sich auf, wenn die Zugpferde, zugänglicher als die Ochsen, seinen Befehlen willig gehorchten. Er merkte bald, ein Hang zum Befehlen war ihm eigen, und diejenigen, denen er befahl, kamen ihm ohne Widerstreben nach. Zunächst waren es allerdings nur Pferde, denen er Befehle erteilen durfte, später waren es Bauhilfsarbeiter, die er, als der Vater gestorben war, nach und nach einstellte, um sich selber nicht so arg plagen zu müssen. Schließlich nahm er einen Maurergesellen hinzu, dem er die Aufsicht über die Hilfsarbeiter übertrug, er selbst aber zog sich allmählich ganz von der Maurerarbeit zurück und dachte nur mehr darüber nach, wie er das Geschäft in die Höhe bringen könne. Das geht nur, wenn du andere für dich arbeiten läßt, wenn du fremdes Geld für dich arbeiten läßt, überlegte er, und so nahm er Darlehen auf und stellte gelernte Maurer ein. Das Geschäft blühte auf, und schließlich nannte Hirnhammer drei Lastkraftwägen und einen Baukran sein eigen.

Aber Hirnhammers rastloser Geist war damit nicht zufrieden. Er sehnte sich danach, große Leistungen zu vollbringen, solche für das Gemeinwohl zum Beispiel, für das örtliche zumindest, wenn ihm schon Gewichtigeres unerreichbar schien, wenn er an seine Tätigkeit als persönlicher Referent des Landtagsabgeordneten zurückdachte, die ihm dieser nachhaltig verleidet hatte. Aber vielleicht ließe er sich selber einmal als Abgeordneter aufstellen, bei der Opposition versteht sich, dann würde er es seinem ehemaligen Brotgeber schon heimzahlen und ihm im Landtag gehörig einheizen. Vorerst aber begnügte er sich mit seinem Stadtratsmandat, das er durch rastlosen Einsatz für das Wohl der Bürger errungen hatte. Mißgünstige nannten seine Aktivitäten Gschaftlhuberei, aber von denen ließ er sich nicht beirren.

Aber auch seine Tätigkeit als Stadtratsmitglied war ihm noch zu wenig. Es drängte ihn, mehr zu tun als nur an Sitzungen teilzunehmen und die Hand hochzuhalten als Zeichen seiner Zustimmung oder Ablehnung. Nein, er setzte sich in den Kopf, in die Annalen der örtlichen Kulturgeschichte einzugehen, nur war das nicht so einfach, denn der Posten des städtischen Kulturreferenten war bereits durch den ehrengeachteten Herrn Schneidermeister Heinzlmair besetzt, und auch den Ampertalern und dem Museumsverein standen andere vor, die schneller waren als er, dem Museumsverein ein Volksschullehrer, der aus dem Fränkischen stammte und sich als der eingeborenste Einheimische aufspielte. Nein, da war vorerst nichts zu machen!

Da fiel dem nach Kultur Lechzenden der Dichter Eustachius Hintermeier ein. Den könnst doch aufbaun und aus ihm einen angesehenen Heimatdichter machen, und auf dich selbst würde von dessen Glanz auch ein bißl was abstrahlen! Also bestellte sich Georg Hirnhammer den Hintermeier ins Haus.

Den Stachl, wie Eustachius bei den Finstermochingern hieß, kannte Hirnhammer von Kindsbeinen an. Sie waren zusammen in die Volksschule gegangen und hatten im Dorfbach „Lochdoipn", kleine Fischchen, die mit Vorliebe unter flachen Steinen standen, gefangen. Als aber dann Eustachius mit zehn Jahren vom Ortspfarrer zum „Studieren" in die benachbarte Domstadt geschickt wurde, riß die Verbindung ab, und sie wurde auch nicht wieder aufgenommen, als Eustachius nach Abschluß des Gymnasiums in seine Heimatstadt Finstermoching zurückkehrte, um städtischer Beamter zu werden, weil er das Ziel, Priester zu werden, beizeiten von seiner Wunschliste gestrichen hatte. So wunderte sich Eustachius Hintermeier schon ein wenig, als er Hirnhammers Einladung erhielt.

„Nimmst hoit Verserl vo dir mit, Stachl, am bestn druckte!" hatte Hirnhammer mit seiner fetten, befehlsgewohnten Stimme ins Telefon geschmettert, so daß dem Dichter noch eine halbe Stunde nachher das linke Ohrwaschl gesurrt hatte. „Woaßt, Stachl, vielleicht lad i a paar Leit ei, de wo se für deine Verserl intressiern, na kaannst eahna vürlesn und aa glei dei neis Biachl vakaaffa!"

„Verserl!" hatte Eustachius aufgestöhnt, „Verserl nennt der Mensch meine Gedichte! So ein Gloiffe, so ein ungebildeter!"

Dennoch hatte er die Einladung angenommen. Man kann ja nie wissen, wie nützlich ihm ein Konsorte wie der Hirnhammer noch werden konnte. War dieser nicht Stadtrat, und vermochte er in dieser Eigenschaft nicht ein gutes Wort beim Kulturreferenten für ihn, den Eustachius, einzulegen, wenn es um eine Lesung in der Stadtbibliothek ging oder um eine Subskription seiner Bücher, auf der die Verlage bei Veröffentlichung von Manuskripten noch nicht Arrivierter bestanden! Da nimmt der Dichter um eines in Aussicht stehenden Vorteils willen schon eine geringe Nichtachtung seines Werkes hin, gleich gar, wenn er den Geringschätzer kennt und ihn einzustufen weiß, nämlich in die Kategorie der Ignoranten, die aber zuweilen ganz nützlich sein können.

Es ist ein heißer Augustabend, als sich Eustachius Hintermeier mit einem Karton Bücher unter dem Arm auf den Weg zu Georg Hirnhammers Baugeschäft macht, ausgerechnet am heißesten Tag des Jahres, wo es auch jetzt noch in den Abendstunden 35 Grad Luftwärme hat. Am liebsten kehrte er um und legte sich, nur mit der Badehose bekleidet, in seinen Garten und ließe die Gedichte Gedichte sein, besonders wenn er an die Leute denkt, die ihn wie ein Weltwunder anglotzen würden, wenn er ihnen seine Gedichte vorläse, und doch nichts verstünden. Das hieße wirklich: Perlen vor die … Aber er kann den Hirnhammer nicht gut sitzenlassen und verprellen, und so schleicht Hintermeier unter den sengenden Stichen der letzten Sonnenstrahlen in Anzug und Krawatte schwitzend und mißmutig an den Gartenhecken entlang, hinter denen Kinder laut lachend und prustend in Wasserbecken planschen. Gott sei Dank ist Hirnhammers Baugeschäft nur eine Viertelstunde von Hintermeiers Haus entfernt! Und schon drückt der Dichter mit dem Daumen auf die Gartentürklingel.

Hirnhammer, in kurzer Hose und aufgeknöpftem Buschhemd, unter dem das graue gekräuselte Brusthaar hervorquillt, begrüßt den Dichter mit seiner fetten, befehlsgewohnten Stimme:

„Griaß de, Stachl, a Bluatshitz hot's heit, do werd 's Bier schmecka! Kimm eine!"

Unter den Erschütterungen seiner dröhnenden Stimme schwabbelt Hirnhammers Bierbauch wie Sülze.

„I dank dir recht schee, Schorsch, daß d' mich eingladn hast zu einer Lesung, bloß a bißl heiß is's heut, aber das hast ja net wissn kenna, daß 's Wetter a so wird!"

„Freile net! Aba weis d' sogst Lesung, mit dera wart ma no a Stünderl, zerscht werd gessn! D' Frau hot a Trumm vo ar am Ochsn am Spieß kaaft, dös Fleisch dagäht da auf da Zunga!"

Im Vorgefühl des Genusses schnalzt der Hirnhammer mit der Zunge, und der Dichter denkt: „Sauber! Nix wie 's Fressn im Sinn! Wenn s' vollgfressn sind, wern s' keinen Hunger mehr ham auf was Geistigs, außer auf an Schnaps!"

Hirnhammer unterbricht ahnungslos Stachls despektierliche Gedanken:

„I hob an Hauffa Leit eiglon, do bleibt koa Stickl mehr übre vo'n Bron! Hoscht dei Biache dabei? Wia hoaßt dös glei wieda?"

„Schmetterlingsharfen und Laubgelispel".

„Dös klingt aba gspaßig! Ois wia wenn oana Zahnluckn hätt! Laubgslispel! Za, za!"

„I hab ma'n net rausgsucht, den Titl! Der Verleger wollt'n a so ham! Grad a so!"

„Is dös a Riassl, a vadraahta! Warum hoscht'n dös guat sei lassn?"

„I kann am Verleger net widersprechn, wenn er's so für richtig hält! I find, ehrlich gsagt, den Titl jetz auch nimmer ganz so schlecht!"

„Gäh zua, dös Biache kaaft da do koana, boi's hoaßt: Schmättalingsharpfa! Und wia no?"

„Laubgelispel!"

„Laubglischpl! Laubglischpl! Varruckt! Do muaß i ja schaung, daß ma mei Bieß net davofliagt! Laubglischpl! Naa, naa!"

„So aus is's auch wieder net! Man muß'n halt gwohnen, den Titl!"

„Mir ko's ja recht sei, boi a dir gfoit, da Titl, Stachl! I bi gspannt auf d' Leit, bois d' vürliest aus deim Biachl! Dua ma fei wos Anständigs lesn, daß s' as aa vastehnga, net a so wos Hochgschraubts, dös wo koans kapiert! Net daß d' ma meine Gäscht vagraulst!"

Eustachius Hintermeier unterdrückt mit Mühe seinen Ärger über die groben, ja schier beleidigenden Äußerungen

Hirnhammers und folgt ihm auf den Hof des Baugeschäfts, wo unter dem breiten Vordach der Lastwagengaragen eine stattliche Anzahl von Leuten hockt, die sich bereits über den Ochsenbraten und die ungeheuer großen Schüsseln, gehäuft voll mit Kartoffel- und Gurkensalat, hermachen. Die Männer genehmigen sich bereits tiefe Schlucke aus gläsernen Maßkrügen und haben hochgerötete Gesichter vom Bier und der Hitze.

„Do, hock de hi, Stachl, mir hom dar an Platz freilassn nebern Redaktär Haberstroh vo da ‚Finstamochinga Neiestn‘! Woaßt, i hob Bresse eiglon, dös ko nia net schadn, und di gfreit's, boi de nachst Woch wos in da Zeitung stäht über di!"

„Wenn's gwiß is!" brummt der Stachl und setzt sich widerstrebend neben den Redakteur Haberstroh, den er als Intimfeind betrachtet, seit dieser den Eustachius Hintermeier in der „Finstermochinger Neuesten" einmal als Heimatdichter bezeichnet hat.

„Ja, da schaun S' her, der Herr Hintermeier, unser Heimatdichter! Was geben S' heut zum besten?"

„Zum besten!" grollt Eustachius Hintermeier mit zusammengepreßten Lippen, „als wenn meine Gedichte ein Witz seien, den man zum besten gibt!" Laut aber sagt er:

„Aus meinem neuen Gedichtband werd ich lesen, wenn S' nix dagegen ham, Herr Haberstroh!"

„Was sollte ich schon dagegen ham! Sie wissen doch, Herr Hintermeier, daß ich Ihre Gedichte schätze!"

„Was bezeichnen Sie mich dann als Heimatdichter, Herr Haberstroh! Das ist doch wieder so eine Bösartigkeit von Ihnen!"

„Das dürfen S' nicht sagn, Herr Hintermeier! Bösartig bin ich nicht, ich habe nur eine Aufklärungspflicht gegenüber dem Leser!"

„Und den müssen S' darüber aufklärn, daß ich ein Heimatdichter bin! Das ist eine Abwertung meiner Arbeit!"

„Gehn S' zu, Herr Hintermeier, sein S' doch nicht so emp-
findlich! Weil ich einmal gschrieben hab: unser Heimatdichter! Was ist schon groß dran! War nicht der Thoma auch ein
Heimatdichter! Und ist doch in die große überregionale Literatur eingegangen! Das wern S' auch noch schaffen, Herr
Hintermeier, ha, ha!"

„Jetzt derbleckn S' mich aber, Herr Haberstroh! Wenn ich
in die Literatur eingeh, dann gwiß nicht als Heimatdichter!
Wenn S' es schon gemerkt haben sollten, dicht ich nicht bayrisch!"

„Gewiß, gewiß, Herr Hintermeier, Sie bedienen sich des
Hochdeutschen! Aber bayrisch tät Ihren Gedichten besser
bekommen, ist ihr Inhalt doch etwas provinziell!"

„Das ist eine Unterstellung! Meine Themata sind halt nicht
politisch motiviert, sondern orientieren sich an der Natur und
den allgemein menschlichen Stimmungen!"

„Dann sind Sie auch einer von diesen ewig gestrigen Nuß-
und Beerenbewisperern, Herr Hintermeier!"

„Lieber das als ein Politspinner und seelenloser Wort-
montierer!"

„Ja, wenn's so ist, dann schreiben S' Ihre Gedichte auf bayrisch, wie ich Ihnen rat!"

„Wie täten meine Gedichte aussehn, wenn ich sie auf bayrisch schriebe, lächerlich! Jetzt horchen S' Ihnen das an (Hintermeier blättert in seinem neuen Gedichtband „Schmetterlingsharfen und Laubgelispel" und liest vor):

„Wie schnell vergäße ich
mein Leben,
wenn nicht manchmal
Erinnerung wäre
an den Duft eines Apfels,
an den Duft deiner Haut
an einem Sommertag."

Wie wolln S' das auf bayrisch bringen, Herr Haberstroh,

das machen S' mir amal vor!"

„Jetzt eschoffiern S' Ihnen doch net, Herr Hintermeier, i weiß's schon, daß S' kein Heimatdichter net sind! I nimm's ja zruck!"

„Horchen S' Ihnen amal das an, Herr Haberstroh, wie das klaang:

„Wia schnoi daat i
mei Lem vagessn,
boi net a diam
ar Arinnerung waar
an aan Duft vo ar an Apfe,
an aan Duft vo deina Haut
an am Spatsummadog."

Haa, wie klaang denn das, Herr Haberstroh! Saudumm!"

„Das derfen S' net sagn, Herr Hintermeier! Net übl klaang's!"

„Saudumm klaang's, Herr Haberstroh! I werd's doch wissn als Dichter!"

„Und ich sag Ihnen, es klaang net übl!"

„Net übl! Klingt vielleicht ,Spatsummadog' gut? So redt ein Bayer net! Das heißt man die bayrisch Sprach verhunzn!"

„Aha, sind Sie auch einer von denen, Herr Hintermeier, die das Bayrische als Sprach bezeichnen! Allweil hoch hinaus!"

„Sie werden doch net leugnen wolln, daß das Bayrische eine eigne Sprach is, kein Dialekt! Das weiß doch inzwischn ein jeder Hinterdupfinger, Herr Haberstroh!"

„Ich streit's Ihnen net ab!"

„Ja also nacha! Aber verratn S' mir doch, wie Sie ,Spätsommertag' ins Bayrische übersetzen täten!"

„Ich weiß es nicht!"

„Aha, Sie wissn's net! Aber mich herabwürdigen als Heimatdichter, obwohl ich hochdeutsch schreib!"

Die um den Herrn Redakteur und den Dichter Herumsitzenden haben dem Diskurs der beiden aufmerksam zugehört und sich währenddessen gewaltige Essensportionen einverleibt. Nun sind sie gesättigt und wischen sich die fettigen Mäuler und schweißbeperlten Stirnen mit ihren überdimensionalen Sacktüchln ab. Die Männer öffnen obendrein den oberen Hosenknopf, um den stattlichen Bäuchen eine gewisse Erleichterung zu verschaffen. Die Frauen zupfen an ihren Röcken und Blusen herum und teilen sich ihre neuesten Einkäufe mit. Auch nur einen einzigen Blusenknopf aufzumachen, getrauen sie sich nicht. Das wäre nicht sittsam. Und dann erst die Glotzaugen der Männer! Da schwitzt man lieber und schnauft und schützt den üppig quellenden, die Bluse fast sprengenden Busen mit verschränkten Armen!

Ein nettes Publikum! denkt Eustachius Hintermeier, wie sollen diese vollgefressenen Wänste die nötige Aufmerksamkeit für meine Gedichte aufbringen!

„Leit, iatz hörts zon Ratschn auf, iatz liest inserna Dichta Stachl vür! Gäh weida, Stachl, lies vür!" plärrt der Gastgeber Hirnhammer in die schwatzende und mitunter rülpsende Gesellschaft. Einige setzen sich zurecht, die andern plaudern ungerührt weiter, wiewohl der Dichter sein Büchl aufschlägt und vergeistigt in die Runde blickt.

„Leit, seids stad, da Stachl liest vür!" Die wie in Fett getauchte Stimme des Hirnhammer!

Widerlich! ekelt sich der Dichter, aber dennoch hebt er an zu einem getragenen Vortrag:

„Dein Gitarrenmund,
darüber hinschwingen
die Saiten,
dein schwarzes Haar.
Meine Finger …"

Roh unterbricht ihn der Geißbichler Hias, ein Vetter Hirnhammers und Maurer bei diesem:

„Wos hoscht gsagg? Wos hätt i für a Mäu? A Gitarrnmäu, oda wia dös hoaßn soi! Wos is na dös für a Mäu, Stachl?"

Der Dichter starrt den Zurufer an, als erwache er aus Hypnose:

„Wie bitte?"

„Wos na dös für a Mäu is, mächt i wissn: a Gitarrnmäu!"

„Dös is do dichtarisch, Ochs, vastähst dös net!" plärrt der Hirnhammer Schorsch den Geißbichler Hias an.

„A so, dichtarisch! Dös hon i net gwißt, Schorsch! Boi's dichtarisch is, is's wos anders!"

„Hoit's Mäu, laß an Stachl vürlesn!"

Eustachius liest weiter mit leicht beleidigter Miene.

„Muaßt da nix denka, Stachl, da Hias is hoit a Prellta!" begütigt der Hirnhammer Schorsch.

„Laßts'n vürlesen, an Stachl!"

Die Gäste werden ungeduldig.

„Meine Finger,
fünf Dolche in deinem
weißen Nacken."

liest der Dichter und erstarrt bis in die Tiefen seiner Seele hinein, denn schon wieder erhebt sich die Stimme des Volkes: Der stellvertretende Landrat Haberzettl, ein Ökonom, stößt seine Nachbarin, die Huber Zenzl, seine Sekretärin, in die feiste Seite und feixt ihr zu:

„Der muaß se ja seine Klauen scho an Ewigkeit nimma gschnin hom, insa Dichta, bois glei so lang und scharf san wia Doich, grod wia de Eahnan, Frau Huawa!"

Die Huber Zenzl, eine dralle Weibsperson in den Fünfzigern, lacht laut auf, und die weiter weg Sitzenden meinen, die Zenzl kudere, weil sie der stellvertretende Landrat in die Seite gestoßen hat, und das gefalle ihr.

„Bois der scho in oller Öffentlichkeit neistäßt, daß s' kudert, wia werd a s' na erscht in seim Ampsbüro neizwicka, wo's koana siehct?"

„Sei stad, Pfundmoar, so wos sogt ma net!"

„Laßts an Stachl weidalesn!"

„Mit gesenkten Hörnern
schnaubt der Mondstier
über den sternsandigen,
blutmolkigen Himmel."

Die Stimme des Dichters klingt brüchig und zerspringt,
gleich gar, als er sieht, wie der Geißbichler und der Pfundmoar die Fäuste rechts und links an ihre breiten Stirnen legen und mit nach vorne gestreckten Zeigefingern, die sie hin
und her bewegen, Stierhörner markieren. Ein paar Weibs-
personen fangen zu kichern an.

„Boi dös dichtarisch sei soi, friß i an Bäsn!" schreit der
Geißbichler dem Pfundmoar über drei Tische hinweg zu und
nimmt einen tiefen Schluck aus dem Bierkrug.

„Hoscht du no nia net deine Heandl gsenkt, Goaßbichler,
voraus bei deina Oidn, a da Nocht, moan i, gwißermaßn ois
ar a Mondstier?"

„Eahm schaug net o, den Pfundha …!"

„A Ruah gebts, ös gesuffige Löcha! Boits as net vastähngts,
na hoits enka Mäu!"

Nun ist der Hirnhammer Schorsch aber zornig. Schämt er
sich vor dem Dichter, der entmutigt sein Gedichtbüchl zu-
klappt?

„Wuist ins nix mehr vürlesn, Stachl? Ins hot's net schlecht
gfoin, voraus deine Mondheandl, goi, dössoi sogscht aa,
Zenzl!"

„Ja freile, Schorsch, grod schee war's, wia da Pfundmoar
d' Heandl nachgmacht hot! Und da Hintamoar erscht! Schee
hot a vürglesn, da Stachl, dös muaß mar eahm lassn! So wos
Dichtarischs! Boi e aa net oiss vastanna ho!"

Die Frauen nicken mit den Köpfen, die Männer blicken wenig überzeugt drein, halten aber ihr Maul, weil sie sich nicht
blamieren wollen für den Fall, daß das Vorgelesene doch was
Dichterisches ist.

Der Herr Haberstroh hat sich eifrig Notizen gemacht, und

der Eustachius Hintermeier hat dies mit Genugtuung vermerkt. Wenigstens einer, der Interesse zeigt an meinen Gedichten! denkt er. Aber wenn der Haberstroh nur heuchelt, dieser hinterkünftige Mensch! Was der wohl wieder zusammenschmiert?

„Sagn S' mir amal, Herr Hintermeier, was haben S' denn mit Ihrem Gedicht aussagen wollen? Das hat doch einen Anklang an die spanische Lyrik! Hab ich recht?"

„Sie ham aber feine Ohrn, Herr Haberstroh, das hätt ich Ihnen gar net zutraut! Mein Gedicht ist eine Hommasch an Federico Garcìa Lorca!"

„So, so, ham S' für den ein Fäbl?"

„Das schon, aber viel lieber noch hab ich russische Lyriker!"

„Welche denn, wenn man fragen darf?"

„Jessenin, Majakowski!"

„Was S' net sagn! Der letzte war aber Kommunist!"

„Was tut's zur Sach, wenn er ein guter Dichter is!"

„Dös sagn Sie als Beamter, der einen Wisch hat unterschreibn müssn, daß er gegen d' Staatsfeinde is!"

„Gehn S' zu, Herr Haberstroh, der Majakowski is doch schon lang tot und kann unsern Staat nicht mehr unterwühln!"

„Aber seine Ideen, seine Ideologie, die leben fort, und Sie hat er auch angesteckt, Herr Hintermeier!"

„I laß mich von keiner Ideologie net ansteckn, da bin ich mir zu sehr Beamter! Zvörderst aber bin ich Dichter!"

„Man sieht's am Erfolg Ihrer Lesung!"

„Jetzt derbleckn S' mich schon wieder, Herr Haberstroh!"

„Aber nein! Ich mein's ernst mit Ihrem Erfolg. Den Leuten hat's gfalln!"

„Da hab ich meine Zweifel!" murmelt Eustachius Hintermeier und schickt sich an aufzubrechen.

„Hoit, hoit, Stachl, du werst ma do net scho obhaun woin?" schreit der Hirnhammer, „mir san do no net firte, mir zwoa!"

„Net?"

„Naa, i muaß da no wos song!"

„Is's wichtig?"

„I sog's da drin an Haus, net do heraußd vor olle Leit!"

„I hab nix z' fürchtn!"

„Brauchst aa net! Ind iatz kimm eine, sog a da!"

„Wenns d' meinst, dann komm i halt mit, Schorsch, aber lang net, weil's a solche Blutshitz hat heut!"

„A wos! An Haus drin is's net so hoaß! Iatz gäh weida, Stachl!"

Der Stachl folgt dem Hirnhammer zögernd, als dieser ins Haus wackelt, aber nicht in die Wohnstube, wie es sich geschickt hätte, vielleicht sogar zu einem Gläschen eisgekühlten Aquavits, sondern in das Baubüro, wo es sich der Hirnhammer auf seinem protzigen Ledersessel bequem macht. Den Stachl läßt er vor sich auf einem Holzstuhl Platz nehmen. In Eustachius Hintermeier steigt Wut hoch über diese geringschätzige Behandlung seiner Person. Er weiß nicht, ist sie beabsichtigt oder entspringt sie nur der Rüpelhaftigkeit des Hirnhammer, ohne daß sich dieser derer bewußt wird. Zugunsten Hirnhammers nimmt Eustachius letzteres an und wird ganz Ohr, als der Schorsch mit betonter Leutseligkeit anhebt:

„Iatz zoag mar amoi dei Verserlbuach, Stachl, bois ma gfoit, na nim i da a Stuck ar a zwanzge ob!"

Verserlbuach! Was bildet sich der überhaupt ein, dieser Rüpel, dieser hagebuchene! Verserlbuach tät er meinen Gedichtband nennen! Der Lackl, der ungebildete! Was hat denn der für eine Ahnung von der Lyrik! Und außerdem: Boi's ma gfoit! Er hat doch ghört, was i vorglesn hab! Aber freilich, vor lauter Fressn und Sauffn nix hörn, solch ein Gloiffe!

Das sagt der Stachl wohlweislich nicht laut, sondern denkt es sich nur, und dennoch ist er sogleich erschrocken über diese seine zornigen Gedanken. Wie, wenn sie der Hirnhammer von seiner, Stachls, Stirne abläse?

„Da hast es, Schorsch, mein Gedichtbüchl, es tät mich schon gfreun, wenns d' a paar Exemplare abnehmen tätst!"

Warum schmeichelt er dem Rüpel, dem gschertn, und hält ihm devot das Gedichtbuch hin, seinen Ingrimm verbeißend? Nur weil er dem Hirnhammer bei der Stange halten will in Erwartung künftiger Förderung? Für eine solche nimmt der Stachl auch eine Brüskierung auf sich und gibt sich recht unterwürfig, und dazu bedarf es nicht einmal einer größeren Überwindung oder Kraftanstrengung, ist es doch der Stachl als Beamter gewohnt, seinen Mund zu halten, um nur ja nirgends anzuecken.

Der Hirnhammer hat seine Brille aufgesetzt und liest mit in Falten gelegter Stirn bedächtig Gedicht um Gedicht. Wenn er eine Seite umblättert, netzt er seine Pratzn mit Speichel, damit die Würstlfinger besser greifen. Er liest und liest und tut keinen Schnauferer. Dabei gibt er sich sachverständig, indem er seinen Gschwollschädl hin und her wiegt. Manchmal grinst er hämisch, so daß der Dichter kaum mehr zu atmen wagt. Welch eine Demütigung! Stachl ist wie erstarrt und könnte jetzt nicht einmal mehr den kleinen Finger rühren. So verstreichen zehn Minuten, zehn lange Minuten, verstreicht eine Viertelstunde oder mehr, und der Hirnhammer sagt immer noch kein Wort, weder der Zustimmung noch der Ablehnung. Dem Eustachius wäre es nun schon gleichgültig gewesen, wenn der Hirnhammer gesagt hätte: Stachl, deine Verserl san a Schmarrn, de konnst ghoitn! Nur nicht dieses geringschätzige Schweigen noch länger ertragen müssen! Schrecklicher wäre es auch nicht gewesen, vor dem Großinquisitor zu sitzen und auf den Richterspruch zu warten. Was soll dieses schulmeisterliche Schweigen, das sich der Hirnhammer erlaubt! Als ob seine, Stachls, Gedichte eine solche demütigende Prüfung, noch dazu durch einen Laien, der Gedichte von irgendwelchen Verserln nicht zu unterscheiden vermag, nötig hätten! So eine Schmach, und man kann sich

nicht dagegen auflehnen, da man sonst Nachteile zu gewär-
tigen hat! Der Stachl starrt auf den Schorsch, um dessen ku-
gelrunden Kopf sich eine schüttere Haarsträhne schlingt und
nur unzulänglich die von Sommersprossen übersäte Glatze
kaschiert – wie altbacken das aussieht, wie hinterwäldlerisch!
denkt der Stachl. Da läßt ihn die fette, befehlsgewohnte Stimme des Hirnhammer zusammenzucken:

„A Könna muaßt erscht no wern, Stachl! I nimm da aba
trotzdem a Stuck ar a zwanzge ab vo deine Biachl! Do hoscht
as wieda, dei Laubglischpl!"

Eustachius Hintermeier greift mechanisch nach seinem
Gedichtband, den ihm der Hirnhammer hinhält, und hat keine Zeit, verärgert zu sein; denn der Hirnhammer zeigt auf einen Plastikbehälter hin mit langen dicken Maurerbleistiften
und sagt:

„Konnscht oan braucha, Stachl? Na nimmst dar oan außa!
Für deine Verserl, moan i!"

„Dank dir schee, Schorsch! I bin so frei und nehm mir einen mit!"

Wie er sich nur nicht schämt und dem Rüpel über den
Mund fährt! Was der sich erlaubt! Ihm einen Maurerbleistift
anbieten! Als ob er auf einem Brett anzuzeichnen habe, an
welcher Stelle es durchgesägt werden müsse! Aber ein Mensch
wie Eustachius Hintermeier, der durch und durch Beamter
ist, vermag sich nicht so leicht einer Ehrverletzung zu er-
wehren. Er ist es gewohnt, seine Persönlichkeit zu verleug-
nen und liebedienerisch um Leute herumzuscharwenzeln,
von denen er sich Vorteile erhofft. Seine Gedichte mit einem
Maurerbleistift schreiben! Während sich der Stachl lautlos
über diese Geschmacklosigkeit Hirnhammers erbost, greift er
nach einem Maurerbleistift und steckt ihn ein.

„Der langt da zwoa Johr, Stachl!" wiehert der Hirnhammer Schorsch, „bois d' na no net gnua hoscht vo deine Verserl, na koscht wiedar amoi an Maurerbleistift hom!"

Am liebsten möchte der Stachl laut herausbrüllen, den Schorsch einen seelenlosen Mörtlbatzn nennen, aber er macht gute Miene zum bösen Spiel und säuselt süßsauer:

„Ja, freilich, Schorsch, i rühr mich schon, wenn i wieder einen Maurerbleistift brauch! Der da wird gleich abgschriebn sei! Bei meiner Produktion! I dank dir halt no schee!"

„Nix zon danka, Stachl, du woaßt, daß i de Künschtla förder, wo's no grod gäht!"

Mit einem Maurerbleistift! Seine Entrüstung beschließt Eustachius Hintermeier wohlweislich in seinem Herzen.

„Und iatz pfüat de, Stachl, i muaß wieda zo de Gäscht naus in Hof, sunst wern s' ma ungedulde, boi e z'lang ausbleib! Du werst ja nimma dobleim – nach deim Riesnerfolg! Den werst dahoam auskostn woin!"

Der Hirnhammer lacht spöttisch.

Nausgschmissn werd i jetzt auch no! Dableim werst ja nimma woin, mag er sagn, der Siach!

„Naa, naa, Schorsch, i muß heim, i hab no was z'tun!"

„Dichtn?"

„Könnt sei!"

„Na laß de net aufhoitn, Stachl!"

Während des Heimwegs läßt Eustachius Hintermeier seiner Verbitterung freien Lauf. Er spuckt ein paarmal auf die Straße, die ja nun wirklich nichts für das ungehobelte Benehmen des Hirnhammer kann, und schimpft vor sich hin. Seinen Packen Bücher trägt er unter dem Arm wieder heim. Keiner der Gäste hat ihm ein Buch abgekauft, und der Hirnhammer hat es für unter seiner Würde befunden, die paar Exemplare, die der Stachl dabei hatte, entgegenzunehmen, quasi als Vorgabe auf die zwanzig bestellten, nein, diese sollten ihm, dem Hirnhammer, alle zusammen, vielleicht gleich gar mit dem Handwagerl – Eustachius Hintermeier lacht sarkastisch auf – überbracht werden – ein Verhalten, von dem er nicht weiß, ist es bloß eine Marotte oder ein vorbedachter Affront.

Die ganze Nacht kann der Stachl vor Ärger nicht schlafen, und am nächsten Morgen, als er die „Finstermochinger Neueste" aufschlägt, schwillt ihm die Zornesader. Was schreibt denn da der Redakteur Haberstroh: Die neuen Gedichte des Heimatschriftstellers Eustachius Hintermeier, dargeboten einem Kreis ausgewählter Zuhörer im Hause des kunstsinnigen Stadtrats und Baugeschäftsinhabers Georg Hirnhammer, kommen einem reichlich spanisch vor …

Der Zeitungsschmierer, der windige!

Die Pfarrgemeinderatssitzung

Mit verdrießlichem Gesicht saß Jakobus Speckmeier in seinem Auto, und jedesmal, wenn er abbremsen mußte, weil ein Auto vor ihm für sein Empfinden zu langsam fuhr oder nur knapp vor dem seinen aus einer nicht vorfahrtberechtigten Seitenstraße in die Hauptstraße einbog, stieß er ein unwilliges „Kreizkruzitürkn!" hervor. Dabei hätte ihm alles andere als Fluchen angestanden, befand er sich doch auf dem Weg zum Pfarrhof, wo er an einer Pfarrgemeinderatssitzung teilnehmen sollte. Aber gerade das machte ihn so mißmutig. Was hatte er sich auch überreden lassen, sich als sogenannte sozial erfahrene Person dem Pfarrgemeinderat zur Verfügung zu stellen, wo er doch sonst für derlei Vereinsmeiereien und Gschaftlhubereien kein Verständnis aufbrachte. Politischen Parteien kehrte er den Rücken mit Grausen, sobald er nur an einer einzigen Versammlung teilgenommen hatte. Die Platitüden der Redner und ihre Selbstbeweihräucherungen konnte er ums Verrecken nicht ausstehen. Auch der Feuerwehr war er nicht beigetreten, obwohl das unter jüngeren Burschen üblich ist, und er gehörte keinem Schützenverein an, was ihn in den Augen der Schützenbrüder äußerst verdächtig machte.

Dem Pfarrgemeinderat als kirchlicher Einrichtung hatte er aber nicht gut eine Absage erteilen können, denn dann wäre er noch mehr in Verruf geraten, ein Heide zu sein, weil er es mit den Sonntagspflichten und religiösen Übungen nicht so genau nahm; und dennoch hatte ihn der Pfarrgemeinderatsvorsitzende angerufen und gesagt: „Sie mit ihren vielfältigen Erfahrungen auf sozialem Gebiet könnten uns von großem Nutzen sein beim Einrichten von caritativen Hilfemöglichkeiten, und wenn es darum geht, Geldquellen hierfür zu erschließen!", und er hatte sich teils geschmeichelt gefühlt, teils war er ärgerlich, weil man ihn aus seiner Bequemlichkeit, aus seiner Interesselosigkeit gegenüber jeglichem Vereinsleben herauszureißen gewagt hatte. Schließlich hatte er zugesagt, denn der Pfarrgemeinderatsvorsitzende war ein weitum bekanntes Parteimitglied, saß in wichtigen kommunalen Gremien und war imstande, einem zu schaden, wenn man ihm nicht zu Willen war. Er, Jakobus Speckmeier, war als Beamter auf das Wohlwollen verschiedener Leute angewiesen, und die vor den Kopf zu stoßen, war selbstmörderisch.

Während er seinen Gedanken nachhing, sah Speckmeier eine alte Frau auf dem Trottoir in Richtung oberen Markt gehen. Ja, de oid Fuchsbichlerin, wos wui denn de oid Rutschn iatz no auf da Straß? Zletscht trifft s' no da Schlag bei dera Hitz! Ob i s' net frag, wo s' hiwui? Er fuhr an das Trottoir heran, hielt neben der Fuchsbichlerin an und kurbelte das rechte Seitenfenster herunter. Bevor er auch nur ein Wort sagen konnte, plärrte diese:

„Jessas, bin iatz i daschrocka! Hoit do oana mit seina Hämariddnschauggl nem meina, daß d' moanst, ma wurad neizong! Baazi gibt's ja gnua heitzetog, de se aa vor an oidn Wei net schaama! – Iatz kenn i Eahna ja erscht, ja Sie san dös, Herr Speckmeier! Wo fahrn denn Sie no hi auf d' Nacht?"

„In d' Stadt nei, Frau Fuchsbichler! Woin S' net mitfahrn? Sie san do gwiß aar auf'n Weg zon obern Markt?!"

„Ja freile, i muaß ja no zo da Pfarrgemeinderatssitzung!"

„Wos, Sie aa? I muaß aa hi, na steing S' do ei, Frau Fuchsbichler, na braucha S' net laaffa bei dera Hitz."

„Gern, Herr Speckmeier, Sie kemma ma wia gruaffa! Songs S', san Sie aa bein Pfarrgemeinderat? Sie san do gor net gwählt worn! Sie san do gor net auf da Listn gstana!"

„Naa, Frau Fuchsbichler, i bin ois ar a Sachverständiger neiberufen worn! A soichana braucht net gwählt wern!"

„Ja, do vareck, gibt's so wos aa? Wer hot Eahna na beruaffa? I war net dabei!"

„Da Pfarrgemeinderatsvorsitzende hot mi eigladn für heit.

Da Pfarrgemeinderat muaß me no bestätign! Davo hom Sie no nix wissn kenna, Frau Fuchsbichler!"

„A so is dös! Hot a dös gsagt, da Dirscherl, daß mir Sie no bestätign miassn? Boi a's gsagt hot, werd's na scho stimma! Na bestätign mir Eahna hoit, Herr Speckmeier, boi S' aa nia net in d' Kirch gehngan und net zon Beichtn! I hob Eahna no nia net dort gsähng!"

„Na wer e hoit beichtn, boi Sie net bein Beichtn san, Frau Fuchsbichler! Oiwei treff ma hoit net zsamm, mia zwoa!"

„I gäh jäde Woch zon Beichtn, do miaßat i Eahna do scho amoi sähng!"

„Na kniagln S' hoit scho im Beichtstuih drin, boi i kimm, und boi S' firte san mit Eahnan Sindnbekenntnis und ganz befreit und gereinigt wieda rauskemma, schliaf i auf da andern Seitn grod nei, na sähng S' me freile net, Frau Fuchsbichler!"

„Gehngan S' weida, Herr Speckmeier, i daat Eahna scho sähng, boi S' waarn!"

Ja freile, de oid Rutschn hot d' Aung ibaroi, dera kimmt nix aus, net amoi nach'm Beichtn, wo s' do ganz sindnfrei sei miaßat und net scho wieda aufs Luchsn aus! Oda hoit! Vielleicht hom grod nach'm Beichtn wieda neie Sindn Platz in da Soi, voraus bei de oidn Weiwa! Do miaßat d' Fuchsbichlerin an Ausnahm sei!

Gut, daß die Fuchsbichlerin dem Speckmeier seine despektierlichen Gedanken nicht von der Stirne ablesen konnte, sie hätte ihn dann bestimmt nicht als Pfarrgemeinderatsmitglied bestätigt. So aber war sie eine seiner eifrigsten Befürworterinnen, vielleicht mit dem Hintergedanken, in Speckmeier einen billigen Chauffeur zu den künftigen Pfarrgemeinderatssitzungen gefunden zu haben. Der Rutschn konnte man dies schon zutraun!

Ein bißl angewidert nahm Speckmeier die Glückwünsche des Pfarrgemeinderats entgegen, und wer ihm da alles gratulierte: Die alte Wiesböckin und die alte Kronschnablin, zwei stadtbekannte Ratschn und Leutausrichterinnen (allzugern *richten* sie über andere!), die bigotte Wachingerin, die während der heiligen Messe ihren Kopf immer so schief hält, daß ihr die Leute die Frömmigkeit sogar von hinten ansehn, die Fuchsbichlerin natürlich, der Pfarrgemeinderatsvorsitzende Dirscherl und der Pfarrer Schmalzl, letzterer als Gemeindepfarrer ein „geborenes" Pfarrgemeinderatsmitglied, „natus", wie er sich als Lateiner selbst bezeichnet, also ein Mitglied, das weder gewählt noch berufen zu werden braucht.

„Oiso, nacha fang mar o!" begann der Vorsitzende, „da Ochsenreiter is entschuldigt, aber sinscht san mir olle do!"

„So, so, da Ochsnreita? Wos hot a na, da Ochsnreita? Feiht eahm wos?" fragte die Kronschnablin mitleidig, „der is do sinscht oiwei do!"

„Ob eahm wos feiht? I woaß's net! Er hot ma nix gsagt! Er werd eahm scho wos hom, daß a net kemma ko!"

„So wichte werd's aa wieda net sei, daß a d' Pfarrgemeinderatssitzung vanachlässigt, da Ochsnreita! I moan oiwei, der hockt a da Wirtschaft drent bein Bier! Do hot a freile koa Zeit net für ins!"

„Das müssen S' net sagen, Frau Kronschnabl!" mischte sich Pfarrer Schmalzl in die ganz und gar nicht nach seinem Gusto beginnende Debatte. Eigentlich wollte er gleich zur Sache kommen. Da schlagen sich die da mit Nebensachen herum! „Der Herr Ochsenreiter ist sonst ein sehr zuverlässiger Mensch, und in die Wirtschaft geht er ganz selten!"

„Wissn S' dös ganz gwiß, Herr Pfarra? I mächt ja nix song, aba so abstinent, wia Sie glaam, is ar aa wieda net, da Ochsnreita! Do kaannt i Eahna scho wos vazoihn, Herr Pfarrer!"

Die Kronschnablin verdrehte vielsagend die Augen und strich mit der Hand die Falten ihres Rockes glatt.

„Lieber nicht, Frau Kronschnabl!" erwiderte lächelnd der Pfarrer.

Die Wiesböckin grinste hämisch:

„Lassn S' as ihra do vazoihn, Herr Pfarrer, am End revidiern S' dann Eahna guate Meinung vo'n Ochsnreita!"

„Bal a's do net hörn mog, da Herr Pfarra! Ös habts as do ghört!" brummte der Dirscherl mißmutig.

„Ja, ist das denn gar so wichtig, Frau Kronschnabl, was Sie wissen? Dann erzählen Sie es halt in Gottes Namen!" sagte der Pfarrer, schon neugierig geworden.

„Wichte, wichte! Wos is'n scho wichte auf dera Woit, Herr Pfarrer! Boi ma's richte oschaugt, na is gor nix wichte ois wia d' Kirch, Herr Pfarra!"

Da schau her, so ein scheinheiliges Trumm! Will sich lieb Kind machen beim Pfarrer, die Kronschnablin! Jakobus Speckmeier fühlte sich äußerst unangenehm berührt. In welchen Kreis von Heuchlern ist er denn da hineingeraten!

Der Pfarrer aber fühlte sich geschmeichelt:

„Da ham S' amal recht, Frau Kronschnabl, eine solche Meinung lob ich mir! Das Wichtigste auf der Welt ist unsere heilige römisch-katholische Kirche, in deren Schoß wir geborgen sind! Leider vergessen das viele!" Er warf einen vorwurfsvollen Blick auf Jakobus Speckmeier.

Und der Herrgott! dachte dieser, dem Blick des Pfarrers ausweichend, kimmt der Herrgott nach der Kirch? Wer is eigentlich für wen da, der Herrgott für d' Kirch oder d' Kirch für'n Herrgott? Und der Mensch, hat der net auch andere Interessen als wie grad allweil d' Kirch? Ist der Mensch für d' Kirch da oder d' Kirch für'n Menschen?

„Manche valangan aba gor net nach'm Schoß unsara heilign Mutter Kirche, Herr Pfarra!" geiferte die Kronschnablin, und die Wiesböckin und die fromme Wachingerin nickten beifällig.

„Da ham S' leider recht, Frau Kornschnabl!" seufzte der Pfarrer und hatte wiederum Jakobus Speckmeier im Visier.

Moant der ebba mi? Do kunnt a net ganz unrecht hom! In Jakobus Speckmeiers Seele stiegen Groll und Sarkasmus auf.

In wos für a Gsoischaft bin i denn do neikemma! Do hob i nix valorn herin!

Die Damen musterten ungeniert den Jakobus Speckmeier. Die mißbilligenden Blicke des Pfarrers auf diesen hin waren ihnen gleich aufgefallen, kein Wunder bei ihren scharfen Augen, trotz ihres Alters!

Speckmeier konnte sich an den Mienen der Damen zusammenreimen, daß sie ihn für einen Abtrünnigen hielten, der die Geborgenheit im Schoß der heiligen Mutter Kirche nicht nur nicht suchte, sondern sie auch noch verachtete. Warum aber um Gottes Willen haben sie ihn dann als Pfarrgemeinderatsmitglied in ihre frommen, gottesfürchtigen Reihen aufgenommen? Um sich bei seinem Anblick immer wieder befriedigt vorsagen zu können: O Herr, wir danken dir, daß wir nicht so sind wie dieser gottlose Speckmeier da, dieser Abtrünnige und Verworfene, der seine Kirchenpflichten nicht ernst nimmt und sich wie ein Heide aufführt!

Wie er, Jakobus Speckmeier, diese alten Rutschn verachtet! Wie zutreffend ist doch dieses Wort „Rutschn", und wie treffsicher unsere bayrische Sprache die Art ihres Tuns bezeichnet! Auf ihren Knien rutschen sie auf der Kirchenbank hin und her und scheuern sich die Knie blank vor Frömmigkeit, und kaum befinden sie sich außer Sichtweite des Gekreuzigten, schneiden sie ihren Mitmenschen wieder die Ehre ab! Nicht einmal in Gegenwart des Priesters hier können sie es lassen, die Leute durchzuhecheln!

„I wißat Eahnar a Gschicht, Herr Pfarrer, da daatn S' d' Aung aufreißn!"

„Dann erzähln Sie's halt, Frau Kronschnabl!"

„Aba net, daß S' in Ohnmacht falln!"

„Ich bin schon was gewöhnt!"

„Goi, vo'n Beichtn her, Herr Pfarrer, a Saustall is dös, wos de Schweinigl heitzetog oiss treim!"

„Na, na, Frau Kronschnabl!"

„Is ja wohr aa!"

„Iatz vazoih hoit amoi, Kronschnablin, wos d' woaßt! Spann uns net gor a so auf d' Folter!" drängten die Wiesböckin und die Wachingerin.

„Oiso na, boi i a so drängt wer, na muaß i's hoit vazoihn! Da Ochsnreita hockt a da Wirtschaft drent und zwickt d' Kellnerin in Hintern nei!"

„Wos d' net sogst!" verwunderten sich die Damen, der Pfarrer aber versuchte abzuwiegeln:

„Jetzt gehn S' zu, Frau Kronschnabl! Der Herr Ochsenreiter und so was tun! Daß ich net lach!"

„Dös werd Eahna glei vergeh, dös Lacha, Herr Pfarra! Boi's i sog, na is's wohr! Sie derfa ma's scho glaam! Wia gsagt, da Ochsnreita hockt a da Wirtschaft drent …"

„Dös wiss ma scho, Kronschnablin, vazoih dös anda!"

„Dös anda, dös anda! Könnts ös gor nix dawartn! Oiso, da Ochsnreita …"

„Naa, naa, nix Ochsnreita! Dös woi ma do it hörn! Dös anda woi ma hörn, woaßt scho!"

„Ja freile, dös anda! Goi, i hob's eich scho vazoiht, Wiesböckin, Wachingerin!"

„Was wolln S' as dann no amal erzähln, Frau Kronschnabl, wenn's die zwei Damen schon wissn!" warf der Pfarrer ein, und der Pfarrgemeinderatsvorsitzende knurrte:

„Ghoits eiarn Schmarrn für eich!"

„So derfa S' net ren, Herr Dirscherl, boi S' nix wissn! Do daan S' spitzn, boi S' as wissatn! Und aa da Herr Pfarrer woaß's no net, goi, Herr Pfarrer?"

„Ich muß es nicht wissen, Frau Kronschnabl!"

„Do, do, Herr Pfarrer, Sie soin's aa wissn, wei's gor a so wos Abscheiligs is, ma mog schier gor it ren davo!"

Warum reißt na dei Mäu gor a so weit auf, Scherm, abscheiliga! entrüstete sich Speckmeier innerlich. Wäre es jetzt nicht angebracht, sich zu Wort zu melden und der ganzen

ehrenwerten Versammlung die Meinung zu sagen, ja, diesen
Ehrabschneidern den Krempel vor die Füße zu werfen! Wenn
schon der geistliche Herr nicht dazu fähig ist, dem Spuk ein
Ende zu bereiten! Doch halt! Er, der Jakobus Speckmeier, ist
Beamter, und er spürte drückend den Maulkorb, den man ihm
nicht nur um sein Sprechwerkzeug gestülpt hatte, als er seinen Beamteneid schwor: Nie und nimmer seinen Mund aufzumachen.

„Na fang i hoit wiedar o, aba boits mi wiedar untabrechts,
na mog i nimma!" schmollte die Kronschnablin, „wia gsagt,
da Ochsnreita hockt a da Wirtschaft drent und zwickt d' Kellnerin in Hintern eine ...

„Oh, oh!" stöhnten die Damen.
„Do brauchts gor net a so zu seufzen!"
Die Kronschnablin rezitierte das „zu seufzen" in akzentu-
iertem Hochdeutsch, was ihr eine nicht geringe Hochachtung
von seiten der anderen Damen einbrachte. Befriedigt wiederholte sie den Satz nochmals, weil sie sich damit als nicht
ungebildete Frau auszuweisen glaubte:

„Do brauchts gor net a so zu seufzen! Ös wißts as do scho!"
Die Damen stöhnten wiederum auf, „oh, oh ...!", und ein
wonniger Schauder fuhr durch ihre zarten Herzen, daß
Backen und Busen bebten.

„Wia gsagt ..., naa, naa, i sog nix mehr vo'n Ochsnreita,
der wo a da Wirtschaft drent hockt und ... Iatz spreizts eich
do net scho wieda! I sog's scho! Herr Pfarra, Sie kenna do
den dappign Birnstingl, der wo oiwei mit seim schwarzn da-
tremstn Gwand umanandalaaft!"

„Ja, was ist mit dem?"
„Der steigt zo seina Schwesta ins Bett nei!"
„Aber, aber, Frau Kronschnabl!"
„Boi e's Eahna sog, Herr Pfarrer! Bei meina Ehr und Se-
ligkeit! I derfat glei tot umfoin, boi's net wohr waar, Herr
Pfarrer!"

Wenn s' no da Schlag treffat, de Matz, de ausgschaamt! Da
tät der Herrgott a guats Werk! Speckmeier rutschte unruhig
auf seinem Hosenboden hin und her. Fürwahr, kein heiliger
Ort! Eher verspürt er Höllenfeuer unter seinem Hintern! Wie
lange wird er seine Entrüstung noch zurückhalten können?
Für eine derart schmutzige Leutausrichterei also hat er seinen Feierabend opfern müssen! Aber soll er aufmucken? Er
wäre das nächste Opfer, über das diese Klatschmäuler her-
fielen! Obendrein ist er Beamter durch und durch und nicht
fähig zum Aufbegehren!

„Wos hom S'n, Herr Speckmeier? Is Eahna net guat? A
Wunder waar's net bei dera Hitz! Is a wengl stickig herin!"
flüsterte ihm die Fuchsbichlerin zu, die neben ihm saß.

Von wegen stickig! Stickig ist's schon herin, aber weniger
von der Hitz als von dem bösen Geist, der von diesen schnell-
züngigen Weibern ausgeht! Die sich aus den Schwächen der
Mitmenschen eine Hetz machen und immer eine neue Hatz
auf sie im Sinn haben! Er könnte ihr schon was sagen, der
guten Fuchsbichlerin, nämlich daß sie nicht viel besser ist als
all die anderen hier in diesem Raum, der nach Schwefel stinkt
und nach Altweiberschweiß! Und daß sie beim Leutausrich-
ten und Scheinheiligtun mit bei den ersten ist! Aber er hält
seine Zunge im Zaum, weiß er doch, daß die geringste Wider-
rede zu Auslegungen führen müßte, die ihn in den Augen der
christkatholischen Mitmenschen noch weiter in der Wert-
schätzung herabsinken ließen. Oh, wenn er nicht Beamter
wäre und nicht dereinst christkatholisch eingegraben werden
möchte, dann würde er es denen schon zeigen! Aber so! Er
als Beamter kann sich wirklich nichts erlauben!

„Oiso, de zwoa treim's mitanand, Herr Pfarra, do miassn
S' wos macha!"

„Was sollte ich da schon tun, Frau Kronschnabl! Im übrigen ist es nicht bewiesen, daß die Geschwister etwas mitein-
ander haben!"

„Freile, Herr Pfarra, d' Frau Wiesböck hot's aa gsagt! Goi, Frau Wiesböck, Sie hom S's aa gsagt, daß de zwoa mitanand ins Bett einehupfa! Rührn S' Eahna do aar amoi und lassan S' do net oiss mir vazoihn!"

Die Wiesböckin wand sich verlegen.

„Boi's d' Frau Kronschnabl sagg, na werd's scho wohr sei!"

„A so muaßt daherren, Leni, wos d' as do soibigsmoi soiwa gsagt hoscht!"

„I ko mi net darinnern!"

„Äha, iatz werd's Dog! Iatz auf oamoi kaannt sa se net darinnern! Wos d' ma's do nach'm Beichtn soim gsagg hoscht, Leni, woaßt as nimma?"

„Naa, Mare, durchaus gor it!"

„Iatz de schaug net o! Iatz kaannt sa se nimma darinnern! Dös schaugg ja grod a so aus, ois wia wenn i liang daat!"

„I woaß's gwiß nimma, Mare!"

„Iatz werd's hint häher ois wia vorn! Du koscht as do net weglaunga! Boi's d' ma's do nach'm Beichtn gsagg hoscht!"

„Bitte, bitte, meine Damen!" flehte der Pfarrer, „vertragen Sie sich doch, bitte, bitte! Es ist ja auch gar nicht so wichtig, wer was zu wem gesagt hat! Es ist traurig genug, wenn solche Gschichtn in unserer Pfarrei passiern! Wir wollen für die armen Seelen beten und den Mantel der christlichen Nächstenliebe um sie breiten!"

„Moana S', daß dös wos huift, 's Bättn, Herr Pfarra?" meldete sich die Fuchsbichlerin zu Wort.

Alle starrten sie an, verständnislos und baff vor Staunen. Die Fuchsbichlerin, da schau her, die traut sich die Kraft des Gebetes anzuzweifeln, und das in Gegenwart des Herrn Pfarrers! Die wird doch nicht schon dem Leibhaftigen verfallen sein! Auch die fromme Fuchsbichlerin ist also nicht gegen das Böse gefeit, da schau her! Wie stark im Glauben sind dagegen die Kronschnablin und die Wiesböckin! Die ficht nichts an! Kein Tod und kein Teufel! Die schwören auf die Kraft des Gebets! Und grad sie hat der Herr im Auge beim Erhören!

„Das Beten, Frau Fuchsbichler, hat noch immer geholfen, und hätte der Teufel seine Klauen schon nach einer Seele ausgestreckt! Sie dürfen an der Kraft des Gebets nicht zweifeln! Unser Herrgott erhört die Gebete, wenn sie nur ehrlich und inbrünstig genug sind!"

„I zweifl net am Bättn, Herr Pfarra, aba da Birnstingl is net ganz richte im Kopf und sei Schwestar aa net, ob do 's Bättn wos huift?"

„Warum sollte das Beten für geistig Behinderte nichts bewirken? Auch sie sind Kinder Gottes!"

„Moana S', Herr Pfarra?"

„Das meine ich nicht nur, das weiß ich ganz bestimmt; denn auch Geistesschwache haben eine Seele, Frau Fuchsbichler, eine unsterbliche Seele, die man durch Beten retten kann!"

„Wenn S' moana, Herr Pfarra! I glaab net, daß dös Bättn wos huift bei dene zwoa! Wia soin denn de auf oamoi eisichte wern! Do miaßat scho da Heilige Geischt üba sie kemma!"

„Wer weiß, Frau Fuchsbichler, wer weiß! Es sind schon viele geheilt worden durch das Gebet!"

„Ja, boi s' nach Lurdes fahrn und a gweihchts Wassa sauffa!"

„So dürfen S' nicht daherreden, Frau Fuchsbichler! So nicht! Das verbiet ich Ihnen!"

Dem Pfarrer Schmalzl schwollen die Zornesadern. Dieses gotteslästerliche Schandmaul, die Fuchsbichlerin! Und die ist sein Schäflein, über das er einmal Rechenschaft ablegen wird müssen bei seinem Herrgott! Die bringt ihn ja in saubere Kalamitäten!

„I hob ja bloß gsagg, Herr Pfarra!"

„Gsagt, gsagt! Ein jeder sagt bloß! Und was herauskommt dabei, ist eine Versündigung gegen unseren Herrgott! Herrschaftseitn!"

„Iatz fluacha S' net glei, Herr Pfarra! Dös stäht Eahna net o! Wo S' do ein Priester san unseres Herrn!"

Die schau nicht an, ihn kritisieren, ihren Seelenhirten, den sie so schon in Verruf gebracht hat bei seinem Herrgott durch ihr giftkrötiges Dahergered!

„Ich fluche nicht, Frau Fuchsbichler! Es ist nur der heilige Zorn, der mich erfaßt hat ...!"

„Aha, bein Pfarra waar a heilig, da Zurn! Bei unsaroans waar ar a Sind!"

„Nun sind S' doch endlich stad, Frau Fuchsbichler, und lassen S' die Frau Kronschnabl weitererzähln!"

„Do gibt's nix mehr zon Vazoihn, Herr Pfarra! Dös is gwiß, daß de zwoa Birnstingl-Gschwista mitnand ins Bett einehupfa, und wos s' do treim, dös kenna S' Eahna denka!"

„Das möchte ich lieber nicht, Frau Kronschnabl! Breiten wir doch den Mantel des Schweigens über diese beiden Armen im Geiste, denn auch ihrer ist das Himmelreich!"

„Boi s' as weita so treim mitaranand, na, moan i, net! Moana S', daß do a jäde Sau neikimmt in Himme, Herr Pfarra?"

„Die beiden wissen ja nicht, was sie tun, Frau Kronschnabl!"

„Wissn dean s' as net, vielleicht, aba guat duat's eahna scho!"

„Das möchte ich überhört haben! Also was können wir Besseres tun als beten für die beiden!"

„Auf 's Beichtn miassn S' as hitreim, Herr Pfarra, beichtn miassn s' eahnar Unzucht, de zwoa!"

„Was wäre da schon gewonnen! Das Geheimnis der Beichte zu erfassen, sind die beiden Armen im Geiste doch gar nicht imstande!"

„A wos! Boi S' eahna d' Hoi richte vor Aung führn, und wia s' brenna miassn im ewign Feir, na wern s' as scho kapiern!"

„Wir sind doch nicht im Mittelalter, und ein Inquisitor bin ich auch nicht, Frau Kronschnabl!"

„Han?"

„Ach was! Sie verstehen mich ja doch nicht!"

Die is auch net gscheiter als wie die Birnstingl-Gschwister, dachte Jakobus Speckmeier, bloß daß bei der die Bosheit noch dazukommt, und das keine kleine! Da sind ja die beiden Birnstingl die reinsten Unschuldslämmer! Was macht das schon aus, wenn s' a diam a Hupferl machn! Das tut keinem weh, und der Herrgott wird ein Einsehn haben!

Nicht nur des Pfarrers, sondern auch Jakobus Speckmeiers Seele war von Mitleid mit den geistesschwachen Geschwistern erfüllt. Bei Speckmeier kam aber noch der Abscheu hinzu gegen die sich gottesfürchtig und fromm gebärdenden alten Weiber! Nur zu sagen traute er sich das nicht! Und überhaupt, das soll eine Pfarrgemeinderatssitzung sein! Zum Lachen! Nirgendwo sonst, wo Menschen zusammenkommen, kann es so unchristlich zugehn wie in dieser Versammlung der Frommen und Selbstgerechten! Hierher bringt ihn kein Pferd mehr! Nichts als das Waschen schmutziger Wäsche, die der anderen natürlich! Die eigene hat trocken zu bleiben! Wie diese frommen Seelen stinken! Widerlicher noch als ihre Altweiberwäsche!

Jakobus Speckmeier rückt angewidert von der Fuchsbichlerin weg.

„Bleim S' no do, Herr Speckmeier, i beiß Eahna net!"

Speckmeier gehorchte zähneknirschend und rückte wieder an die Fuchsbichlerin heran. Nicht einmal das traut er sich, sich etwas Abstand und Luft zu verschaffen, der Lapp!

„Mir san bloß p' Fiaß eigschlaffa, Frau Fuchsbichler, iatz san's scho zwoa Stund, de wo ma do vasitzn, do werst ja glei ganz greme!"

„Wos, zwoa Stund! Song S', Herr Speckmeier, wia is'n dös ganga! Mir is's glei gor it lang vürkemma! Iatz derft ma aba dazuadoa, Dirscherl, daß ma firte wern! I muaß wieda hoam zo mein Mo! Der werd scho sehnsichte auf mi wartn!"

„Und sei Freid hom!" brummte Speckmeier.

„Wos moana S'?"

„A nix!"

Diese Ziefern, in der Kirche tut sie lammfromm, wenn's die Leut sehn, aber daheim, da piesackt sie ihren Alten bis aufs Blut! Martl, heb dein Fuaß! Oiwei datrittst ma d' Fransn vo'n Teppich! Martl, gib Obacht mit dein Ellabong! Oiwei stäßt ma d' Bleame obi! Martl, laß dös! Martl, dua dös! Und der Martl folgt aufs Wort, auch wenn ihm der Schädl surrt von den Anweisungen seines Hausdrachens. Wenn er, der Jakobus Speckmeier, der heilige Georg wäre, er wüßte schon, was er mit solch einem Gwurm machte! Doch gleich wieder verwarf er diesen unziemlichen Gedanken, denn er ist Beamter, und in Beamtenstuben wächst kein Drachentöter heran!

„Wos is iatz na mit de Birnstingl?" fing die Kronschnablin wieder zu benzn an.

„Dös is heit koa Thema mehr!" erwiderte der Pfarrgemeinderatsvorsitzende gereizt. Dirscherl versuchte die leidige Sache abzuwürgen, und auch der Pfarrer, dem sie peinlich war, nickte zustimmend.

„Lassen wir die Sache auf sich beruhn! Es wäre nicht gut, wenn die ganze Stadt davon erführe!"

„I sog nix, Herr Pfarra, boi S' mi moana!"

Aha, die bringt sich selber auf, die Kronschnablin! Auch noch die gekränkte Unschuld spielen! Wo sie doch die erste ist, die tratschn wird! Und daß morgen schon die ganze Stadt in allen Einzelheiten Bescheid weiß, das kann sich jeder an fünf Fingern abzählen! Unter dem Siegel der Verschwiegenheit wird sie ihre Neuigkeiten verbreiten: Aba i hob nix gsagt, Frau Obainschpekta, und boi S' gfragt wern, na song S' oafach, d' Huawarin hot's g'sagt, goin S'.

„Meine lieben Pfarrkinder und Pfarrgemeinderatsmitglieder, da es heute schon ziemlich spät geworden ist, über unsere caritativen Zielvorstellungen …"

„Ja, für de hom ma nimma Zeit!"

„... Zielvorstellungen zu diskutieren, wollen wir die Sitzung beenden ..."

„Zeit werd's!"

„... beenden und noch ein geistliches Abendlied singen, wenn es Ihnen recht ist, Herr Vorsitzender?"

Pfarrer Schmalzl wandte sich an den Herrn Dirscherl. Der hatte natürlich nichts dagegen.

„Freile, Herr Pfarrer, freile, wia S' moana!"

Pfarrer Schmalzl hub an zu singen, und alle fielen mit ein:

Bevor des Tages Licht vergeht,
hör, Welterschaffer, dies Gebet:
Der du so milde und so gut,
nimm gnädig uns in deine Hut!

Gib, daß kein böser Traum uns weckt,
kein nächtlich Wahnbild uns erschreckt!
(Weibsbild würde besser passen! Jakobus Speckmeier prustete in seinen Bart hinein.)
Die Macht des Bösen dämme ein,
daß unser Leib stets bleibe rein!
(Hob i ma's do denkt!)

„Schee hom S' gsunga, Herr Pfarra!"

Die Kronschnablin und die Wiesböckin waren hingerissen.

„Ja, insa Pfarra, der ko singa!"

De hom's nötig, de oidn Wedahexn, a soiches Lied z' singa und recht fromm und heilig d' Aung zon Himme aufschlong, de Besn, de ausgfranstn!

Jakobus Speckmeier war wütend. Der heutige Abend war umsonst, und nichts ist herausgekommen dabei als Geschwätz und Verleumdung! Und der Pfarrer nicht Manns genug, den Ehrabschneiderinnen Einhalt zu gebieten! Hinaushaun hätt er s' solln wie der Herr Jesus die Händler aus dem Tempel! Aber nein, anghört hat er sie und eine Leidensmiene aufgsetzt wie ein altes Weib, der Lahmarsch, der gweihchte! Aber darf i, der Speckmeier Jakobus, über den Pfarrer richten? I bin net besser als er, und vermutlich werd i 's nächste Mal doch wieder zur Pfarrgemeinderatssitzung kommen, weil i koane Konsequenzn net ziehn ko, und i werd den altn Weibern untern Rock und dem Herrn Pfarrer untern Talar neischliaffa, wie's halt einem Beamten zusteht, einem berufsmäßigen Duckmäuser, und i brauch mich net z' wundern, wenn's da drunt net nach Weihrauch riecht, eher schon nach teuflischem Schwefel!

Christliche Nächstenliebe

Malve Mahler macht sich auf den Weg zum Pfarrhof, mit gemischten Gefühlen, wie sie sich eingesteht. Zum einen ist sie von Freude und Stolz erfüllt über ihr hervorragend bestandenes Sozialpädagogik-Examen, und außerdem kann sie ihr Glück noch gar nicht fassen, gleich bei ihrer ersten Bewerbung eine Sozialpädagoginnen-Stelle in einer caritativen Einrichtung, noch dazu in ihrer Heimatstadt, bekommen zu haben, und das bei allgemein zweihundert Bewerbern auf eine Sozialpädagogen-Stelle! Zum andern ist ihr doch ein wenig bange vor dem Pfarrer, der ihr, so verlangt es ihr künftiger, der Kirche angeschlossener Arbeitgeber, ein pfarramtliches Gutachten ausstellen soll. Sie kann sich gut vorstellen, wie dieses lauten wird, beteiligt sie sich doch nicht an der Gemeindearbeit in der Pfarrei, besucht nicht die sonntäglichen Gottesdienste und macht auch die religiösen Übungen nicht mit. Dieses Gutachten kann nur zu meinen Ungunsten ausfallen, überlegt sie, und dann bin ich meinen kaum gewonnenen Arbeitsplatz los; was das bedeutet bei dem heutigen eklatanten Stellenmangel auf meinem Fachgebiet, kann ich mir ausmalen: monate- oder sogar jahrelange Arbeitslosigkeit ohne jeglichen Anspruch auf Arbeitslosenleistungen, und das gleich nach Abschluß der Fachhochschule, da eigentlich das Arbeitsleben beginnen soll, auf das ich mich bestens vorbereitet und auf das ich mich so sehr gefreut habe. Und zur Bestreitung des Lebensunterhalts bleibt mir nichts anderes übrig, als Sozialhilfe in Anspruch zu nehmen, ein niederschmetterndes Gefühl für einen jungen Menschen, der vor Tatendrang strotzt und Leistungen erbringen will, die ihm nicht nur den eigenen Lebensunterhalt sichern, der Selbstbestätigung dienen und das Selbstwertgefühl steigern, sondern die vor allem Mitmenschen zugute kommen sollen, die nicht für sich selber eintreten können, nämlich behinderten Kindern. Auf den Pfarrer also kommt es an, ob ich die Stelle behalten und weiterarbeiten darf, grübelt Malve Mahler, und sie verspürt ein ungutes Gefühl. Ah was! versucht sie sich zu beruhigen, der Pfarrer kann mir nichts Schlechtes nachsagen, außer daß ich nicht zum Beichten und Kommunizieren gehe! Was hätte ich auch schon zu beichten! Ich treibe mich nicht mit Burschen herum, nachts in den Diskos, so wie meine Altersgenossinnen! Freilich, wenn sich diese mit einem Kerl einlassen und es dann beichten, finden sie beim Pfarrer eher Wohlgefallen als eine, die ihren Lebensweg sauber und korrekt geht und den Pfarrer nicht braucht zum Sündennachlassen! Heißt es nicht schon in der Bibel, daß dem Herrn ein reuiger Sünder lieber ist als einer, der niemals fällt und nichts zu bereuen braucht?

Mit solchen Gedanken hatte sich Malve den Weg verkürzt und war nun vor dem Pfarrhof angekommen. Auf ihr Läuten hin öffnet ihr die Pfarrsekretärin, eine Frau aus Malves Nachbarschaft. Diese ist eine eifrige Kirchgängerin und hat auf alle ein scharfes Auge, die sich ihren Sonntagspflichten entziehen. Auweh! denkt sich Malve Mahler, von der weiß der Pfarrer sicher alles über mich, die hat ihm bestimmt schon hinterbracht, wie es bei mir mit der Religion steht! Die sieht mich nie in der Kirche und hält mich wohl deshalb für suspekt!

„Kommen S' rein, Frau Mahler!" empfängt die Pfarrsekretärin sie mit übertriebener Höflichkeit in der Stimme, „der Herr Pfarrer hat noch zu tun, müssen S' halt ein bißl warten! Setzen S' Ihnen her zu mir!"

Sie rückt Malve Mahler einen Stuhl neben dem Schreibtisch zurecht.

„Danke, Frau Blasl, ich hätt auch stehn können, so lang wird's schon nicht dauern!"

„Freilich net, aber im Stehn redet's sich halt schlecht!"

„Da haben S' recht, Frau Blasl!"

Malve Mahler nimmt Platz.

„Jetzt haben S' ja ihr Examen hinter sich, und ganz ausgezeichnet haben Sie's bstanden, hab ich ghört."

„Ja, Gott sei Dank! Ich hab mich auch fest reinghängt."

„Ja, ja, gschenkt wird einem heutzutag nichts! Und eine Stell haben S' auch gleich kriegt, auf Anhieb, gratuliere!, wo doch die Stelln so rar sind, grad bei den Sozialpädagogen, wie haben S' das bloß gmacht?"

Die Augen der Pfarrsekretärin funkeln, nicht nur vor Neugier.

Ah, da schau her, von daher weht der Wind! denkt sich Malve Mahler, der werd ich was pfeifen!

„Wie ich das gmacht hab, Frau Blasl, beworben hab ich mich halt!"

„Die Stell war aber gar nicht ausgschrieben! Wie konnten S' dann wissen, daß eine Sozialpädagogin gsucht wird?"

Jetzt hat sie mich in der Falle!

„Ich hab einen Tip bekommen!"

„So, so, einen Tip? Es ist schon was wert, wenn man Beziehungen hat!"

Die Blasl kann ihre Stimme nicht mehr verstellen, Neid und Mißgunst sind deutlich herauszuhören.

„Beziehungen? Die hab ich nicht! Woher sollte ich Beziehungen haben, Frau Blasl?"

„Ist ihr Vater nicht Beamter?"

„Freilich, wieso?"

„Da fragen S' noch, Frau Mahler! Ein Beamter hat doch überall seine Nasn drin!""

„Sie sind gut, Frau Blasl!"

„Ihr Vater leitet doch das Sozialamt, das arbeitet doch mit der Einrichtung zusammen, wo Sie angefangen haben, da weiß er doch Bescheid, da wär er doch dumm gwesen, wenn er Ihnen nicht einen Tip gegeben hätte!"

„Das sind Unterstellungen! Und wenn's so wäre?"

„Ich sag ja nur!"

Es wäre nicht abzusehen gewesen, welchen Ausgang das Gespräch genommen hätte, wenn nicht die Türe zum Studierzimmer des Pfarrherrn einen Spalt breit aufgegangen und die Stimme des Hochwürden erschallt wäre:

„Frau Blasl, bringen S' mir die Frau Mahler herein, bitte!"

„Ist recht, Herr Pfarrer! Frau Mahler, kommen S', der Herr Pfarrer läßt bitten!"

Die Pfarrsekretärin nimmt Malve Mahler beim Arm und schiebt sie durch die Türe in das Studierzimmer. Sie selbst bleibt draußen und schließt die Türe.

Malve Mahler grüßt und verharrt fünf Schritte vor dem Pfarrer, bis dieser sie herbeiwinkt. Er sitzt am Schreibtisch und wühlt in einem Stapel Briefe.

„Frau Mahler? Kommen S' her und setzen Sie sich! Was führt Sie zu mir?"

Das weiß er doch, wundert sich Malve Mahler, was fragt er da noch!

Die Augen des Pfarrers, die durch seine Brille hindurch noch größer und grüner erscheinen, ruhen durchdringend auf ihr.

Pfarrer Morgenbitter ist etwa Mitte vierzig. Er hat schwarze gewellte Haare und eine nach unten hängende Unterlippe, die feucht glänzt.

„Ich bräuchte von Ihnen, Herr Pfarrer, ein pfarramtliches Gutachten, so eine Art geistliches Führungszeugnis", beginnt Malve Mahler stockend, „für meine Stelle nämlich, die ich vor ein paar Tagen angetreten habe."

„Ich weiß, ich weiß! Was soll denn in dem Gutachten drinstehn?"

Das Gesicht des Pfarrers nimmt einen lauernden Ausdruck an.

„Wie ich mich halt führe, ich weiß nicht recht!"

„So, so, wie Sie sich führen! Wie führen Sie sich denn, Frau Mahler?"

Nun spielt er Katz und Maus mit dir, Malve!

Pfarrer Morgenbitter stützt sich mit beiden Handflächen auf der Schreibtischplatte ab und blickt, ganz Pfarrherr, von oben herab auf die vor ihm sitzende junge Frau.

Malve Mahler ist ein kleines schmächtiges Persönchen und es noch nicht gewohnt, sich durchzusetzen, gar mit einem harschen Wort des Pfarrers Anzüglichkeit zu kontern. Sie fühlt sich diesem massigen Mann, der ihr alles andere als ein gütiger Seelenhirte erscheint, ausgeliefert. Und der soll über sie urteilen?

„Sie schweigen, Frau Mahler? Haben Sie mir nichts zu sagen?"

Soll das ein Verhör sein?

„Ich wüßte nichts!"

„So, so, Sie wüßten nichts! Dann denken Sie mal nach!"

„Wie bitte?"

„Nachdenken sollen Sie!"

„Über was, Herr Pfarrer?"

„Das wissen Sie ganz gut, Frau Mahler! Ihre Frage beweist mir Ihre Unaufrichtigkeit!"

„Ich bin aufrichtig zu Ihnen, Herr Pfarrer!"

„Den Eindruck habe ich nicht! Ist es denn keine Unaufrichtigkeit, so zu tun, als hätten Sie mir nichts zu sagen, obwohl Sie wissen, daß Sie Ihre Christenpflichten nicht ernst nehmen, ja ihnen gegenüber völlig gleichgültig sind!"

„Das stimmt so nicht!"

„Was heißt: so nicht? Erklären Sie mir das!"

„Zugegeben, ich gehe nicht zur Beichte, besuche den Gottesdienst nicht, gehe auch nicht zur Kommunion!"

„Ah, Sie geben es also zu!"

„Ich habe nichts zu verbergen!"

„Sie verteidigen Ihre Pflichtverletzungen auch noch! Schämen Sie sich!"

„Wessen soll ich mich schämen?"

„Ihre Verstocktheit schreit zum Himmel!"

„Ich habe mir nichts vorzuwerfen!"

„Stehen Sie überhaupt noch auf dem Boden unserer heiligen römisch-katholischen Kirche?"

„Ich bin getauft und gefirmt!"

„Das ist aber auch alles!"

„Und ich glaube an Gott!"

„Das wäre mir neu!"

„Wie können Sie über mich urteilen, Herr Pfarrer, wenn Sie mich nicht kennen?"

Malve Mahler ist schier erschrocken über ihren plötzlichen Mut.

„Ich kenne Sie und Ihre Gleichgültigkeit!"

„Wenn Sie die Kirche meinen, ja, der gegenüber bin ich gleichgültig! Meinen Glauben aber nehme ich ernst!"

„So, so, Ihren Glauben nehmen Sie ernst! Und um die Kirche scheren Sie sich nicht einen Deut! Wie reimt sich das zusammen?"

„Nicht jeder, Herr Pfarrer, der es gut mit der Kirche kann, ist auch ein guter Christ!"

„Es gibt keinen wahren Christen ohne seine Mutter, die Kirche!"

„O doch, Herr Pfarrer! Ich denke, daß Christus keine Kirche benötigt, ergo auch ein Christ keine Kirche! Kreuzigt nicht oftmals die Kirche Christus?"

„Angelesenes Zeug! Sie haben wohl Dostojewskij im Köpfchen, seinen ‚Großinquisitor'!"

„Den habe ich gelesen!"

„Sehen Sie!"

„Auch ohne ‚Großinquisitor' käme ich zu demselben Schluß: Die Kirche kreuzigt Christus!"

Für manchen, der Malve Mahler kennt, wäre es unvorstellbar, wie dieses zarte, allen ihr Überlegenen hilflose Persönchen diesen geifernden Pfarrer in Verlegenheit bringt.

„Die Kirche ist die Hüterin und Bewahrerin des Glaubens! Ohne sie sind die Gläubigen orientierungslos und verloren!"

„Das mag für die Masse gelten, Herr Pfarrer!"

„Aha, Sie gehören natürlich nicht zur Masse! Ganz schön überheblich!"

„Ich fühle mich selbst dazu in der Lage, meinen Glauben zu bewahren!"

„Und die Gemeinschaft der Gläubigen, die bedeutet Ihnen nichts? Nur das Beten in der Gemeinschaft öffnet den Himmel!"

„Auch der einzelne Beter vermag ihn zu öffnen!"

„Der Einzelne irrt ab!"

„In der Masse verliert er sich!"

„In der Gemeinschaft der Gläubigen ist der Einzelne geborgen!"

„Es kommt auf die Persönlichkeit an! Ich bete lieber allein, und ich lege keinen Wert darauf, beim Beten gesehen zu werden!"

„Wie meinen Sie das?"

„Es gibt viele, die nur deshalb in die Kirche gehen, um gesehen zu werden, um beim Pfarrer gut dazustehen!"

„Das alte Lied!"

„Leider! Um beim Pfarrrer als eifrige Christen zu gelten, um gut angeschrieben zu sein bei ihm, scheuen manche auch vor Heuchelei und falschem Übereifer nicht zurück!"

„Sie unterstellen meinen Pfarrkindern, sie seien Heuchler und Pharisäer!"

„Nicht allen, Herr Pfarrer!"

„Aha! Ihre Selbstgerechtigkeit ist penetrant!"

„Herr Pfarrer, ich bin nicht hierhergekommen, um mir Vorwürfe anzuhören!"

„Die Wahrheit anhören zu müssen, ist schmerzhaft!"

„Ich bitte um ein Führungszeugnis!"

„Das werde ich ausstellen!"

„Ich bitte darum!"

„Sie brauchen nicht darauf zu warten, Frau Mahler! Ich schicke das Zeugnis an Ihre Einrichtung!"

„Mir auch recht!"

„Ich werde der Einrichtung einen Brief schreiben, daß es nicht angeht, Leute einzustellen, die es nicht für nötig halten, ihre Christenpflichten zu erfüllen!"

„Damit gefährden Sie meine Stelle!"

„Leute, die nur nominell Christen sind, haben in einer christlichen caritativen Einrichtung nichts zu suchen!"

„Ich nehme meinen Glauben ernst, auch das Gebot der Nächstenliebe! Würde ich sonst meine ganze Kraft behinderten Kindern widmen!"

„Wie soll jemand behinderte Kinder betreuen, wenn er die Kirche verachtet, unsere heilige römisch-katholische Kirche!"

„Es gibt keine katholischen Behinderungen, Herr Pfarrer! Nur körperliche, geistige und seelische! Und diese versuche ich nach meinem besten Fachwissen und Gewissen zu behandeln!"

„Gewissen?"

„Es gibt auch kein katholisches Gewissen, Herr Pfarrer!"

„Sie werden schon sehen, Frau Mahler, in einer christlichen caritativen Einrichtung sind Sie fehl am Platz! Für die nötige Klarheit werde ich sorgen!"

„Daran zweifle ich nicht, Herr Pfarrer, jetzt nicht mehr! Doch noch eine Frage: Können Sie es mit ihrem Gewissen, auch mit Ihrem Christlichsein, vereinbaren, wenn ich durch Sie meine Stelle verliere und vielleicht jahrelang arbeitslos bin und Sozialhilfe beziehen muß, können Sie das?"

„Ich kann als Pfarrherr nicht zulassen, daß sich indifferente Leute in christliche Einrichtungen einschleichen!"

„Um die behinderten Kinder zu indoktrinieren, sie gar zu verderben?"

„Sie der Kirche abspenstig zu machen!"

„Herr Pfarrer, Sie handeln nach der Devise: erst die Kirche, dann Christus! Und die christliche Nächstenliebe, wo bleibt die?"

„Nächstenliebe spreche ich Ihnen als Sozialpädagogin nicht ab, aber ist sie christlich?"

„Nächstenliebe ist die reinste Form des Christentums!"

„Und Sie pflegen das reinste Christentum, Frau Mahler, gerade Sie? Ohne Hilfe der Kirche ist das unmöglich!"

„Ich denke, es ist Zeit, daß ich gehe, Herr Pfarrer!"

„Das meine ich auch! Ich bete für Sie zum Herrn, er möge Sie zurückführen in den Schoß unserer heiligen römisch-katholischen Mutter Kirche, Frau Mahler!"

„Ich bin nicht ausgetreten aus der römisch-katholischen Glaubensgemeinschaft!"

„Aber entfremdet sind Sie ihr und darum nicht geeignet als Mitarbeiterin in einer christlichen caritativen Einrichtung!"

„Auf Wiedersehen, Herr Pfarrer!"

„Grüß Gott!"

Malve Mahler verläßt angewidert das pfarrherrliche Studierzimmer, angewidert nicht nur vom Speichel in den Mundwinkeln des Pfarrers, sondern mehr noch von seinem jeglicher christlicher Nächstenliebe hohnsprechenden Verhalten. Als sie ins Vorzimmer hinaustritt, wird sie von der neugierigen Pfarrsekretärin in Beschlag genommen:

„Aber lang hat's dauert, Frau Mahler! Solch ein Gutachten ist doch im Handumdrehn ausgeschrieben!"

„Wir haben uns halt ausgesprochen, der Herr Pfarrer und ich, Frau Blasl! Da vergeht die Zeit im Flug!"

„Es muß schon was ganz Wichtigs gwesen sein, was Sie beide da gredt ham, sonst hätt's wirklich nicht so lang dauert!"

„Ganz was Wichtigs, Frau Blasl!"

Malve Mahler hat Lust, die neugierige Person, die sie beim Pfarrer hingehängt hat, ein wenig zu ärgern und noch neugieriger zu machen.

„Also doch was Wichtigs, wie ich gsagt hab! Ich hab's gleich vermutet! Was ist es denn Wichtigs? Mir können Sie's schon sagen! Ich bin verschwiegen wie ein Grab! Das wissen S' doch, Frau Mahler!"

Freilich weiß ich's, wie verschwiegen die ist, diese Ratschn, diese umtriebige! Grad die! Laut sagt Malve Mahler:

„Das geht nur den Herrn Pfarrer und mich an!"

„Ist's so was Geheimes? Am End ein Beichtgeheimnis?"

„Das gerade nicht!"

„Aber was Ähnlichs? Ist's wegen dem Beichten? Zur heiligen Beicht warn S' ja schon lang nimmer!"

„Woher wissen Sie das, Frau Blasl?"

„Es bleibt nicht verborgen!"

„Besonders Ihnen nicht!"

„Gehn S', gehn S', Frau Mahler!"

„Sie sind doch diejenige, die alles ausspioniert und dem Herrn Pfarrer alles hinterträgt, ihm berichtet über alles und jeden!"

„Oh, oh, das dürfen S' net glauben!"

„Ohrenbläserei nennt man so was, Frau Blasl!"

„Jetzt tun S' mir aber unrecht, Frau Mahler! Ich red nur, was gredt sein muß!"

„Und die Leute schlechtmachen!"

„Wenn's schon schlecht sind, die Leut, kann ich sie nicht schlechtmachen!"

„Dann halten Sie mich auch für schlecht, Frau Blasl?"

„Was Ihnen nicht einfällt, Frau Mahler! Schlecht ist zuviel gsagt! Ihre Sonntagspflichten vernachlässigen Sie halt! Das darf doch gsagt werden!"

„Freilich, und an die richtige Stelle muß es kommen!"

„Meinen S' den Herrn Pfarrer mit der richtigen Stell?"

„Ja, den mein ich! Dem blasen Sie doch alles ein! Auch über mich!"

„Was wahr ist, darf gsagt werden!"

„Selbstverständlich! Wenn es bei der Wahrheit bleibt! Derer brauch ich mich nicht zu schämen!"

„Sie werden doch nicht sagen wollen, daß ich lüg, Frau Mahler!"

„Ich weiß ja nicht, was Sie dem Herrn Pfarrer erzählt haben über mich, Frau Blasl!"

„Nichts Unrechts net! Das dürfen S' mir glauben, Frau Mahler, nichts Unrechts net!"

„Dann ist's ja recht! Auf Wiedersehn!"

„Grüß Gott, Frau Mahler!"

Den Namen Gottes bei jeder Gelegenheit im Mund, und die Leute hinhängen, das paßt zusammen! ärgert sich Malve Mahler, aber sie ist froh, das unfreundliche Pfarrhaus wieder verlassen zu können. Gespannt bin ich, was mir der Pfarrer in das Führungszeugnis schreibt!

Nach kaum einer Woche wird Malve Mahler zum Leiter der caritativen Einrichtung gerufen. Ist das Führungszeugnis schon eingetroffen? bangt sie, bin ich nun meine Stelle los?

„Frau Mahler, Sie können sich denken, warum ich Sie ruf – das pfarramtliche Gutachten!"

Herr Fürholzer hält ein Schriftstück in der Hand und macht ein sorgenvolles Gesicht.

Malve Mahler nickt.

„Freilich, Herr Fürholzer, das Gutachten, was steht denn drin?"

„Ich darf es Ihnen leider nicht zeigen, Frau Mahler, es ist für unseren Verband bestimmt, das müssen Sie verstehn! Außerdem kann ich Pfarrer Morgenbitter nicht kompromittieren!"

„Schreibt er so schlimm?"

„Ich hab mich sehr geärgert über seinen Stil, das heißt, über seine Stillosigkeit! Er greift unsere Einrichtung an, weil wir Leute einstellen, die nicht seinem Geschmack entsprechen!"

„Damit meint er mich!"

„Offensichtlich!"

„Was gedenken Sie jetzt zu tun? Verlier ich jetzt meine Stelle?"

„Sie wissen, Frau Mahler, daß eines der Merkmale unserer Einrichtung die christliche Grundhaltung ist!"

„Und an der ermangelt es mir – schreibt wohl der Pfarrer?"

„Hm, hm, er greift nicht so sehr Sie an als uns, die Einrichtung und den Verband!"

„Das wundert mich! Ich bin doch der Stein des Anstoßes!"

„Nicht minder wir, die wir die Leute einstellen, Leute …"

„Die keine christliche Einstellung haben, allenfalls eine solche heucheln, um …!"

„So kraß möchte ich es nicht ausdrücken! Aber ganz unrecht haben Sie nicht! Es nützt uns nichts, wenn man uns Bewerber empfiehlt, die sich lieb Kind machen beim Pfarrer, damit er ihnen ein erstklassiges Zeugnis ausstellt, und insgeheim pfeifen auf ihn und das Christentum und lassen es im Umgang mit unseren behinderten Kindern auch an der christlichen Nächstenliebe mangeln! Von Ihnen hab ich da nur die beste Meinung, Frau Mahler! Sie verstehen es mit Ihren Schützlingen, alle Achtung!, und ohne gleich das Christentum hervorzukehren!"

„Das freut mich, Herr Fürholzer! Aber was hilft mir Ihre gute Meinung gegen das Gutachten des Pfarrers!"

„Das lassen wir unbeachtet!"

„Unbeachtet? Geht denn das?"

„Ein Gutachten, das auf Unterstellungen und Animositäten aufgebaut ist und außer Angriffen nichts Konkretes enthält, hat für uns keinen Wert! Ein solches Pamphlet ist kein brauchbares Gutachten!"

„Da bin ich aber erleichtert, Herr Fürholzer! Dann kann ich meine Stelle behalten?"

„Wir haben nicht die Absicht, Sie wieder auszustellen, zumal da Sie sich sehr rasch Zugang zu den Kindern verschafft haben, was nicht selbstverständlich ist, da es sich ja um lauter seelisch schwer Behinderte handelt!"

„Ich habe Freude an meiner Arbeit! Es wäre mir hart angekommen, die Stelle wieder aufgeben zu müssen!"

„Wir sind ebenso froh wie Sie! Wir sind glücklich, Sie behalten zu können! Das Gutachten hat bei uns das ganze Gegenteil dessen bewirkt, was Pfarrer Morgenbitter mit ihm bezwecken wollte! Ich habe alles mit der Verbandsleitung abgesprochen, wir sind einer Meinung: Pfarrer Morgenbitter ist ein Querkopf, seine christliche Gesinnung anzweifelbar!"

„Ich kenne ihn nicht näher und möchte mir kein abschließendes Urteil erlauben. Aber was ich bei ihm erlebt habe, das genügt mir allerdings! Einem die Arbeitsstelle gefährden! In voller Absicht!"

„Eigentlich unerhört von einem Pfarrer, nicht wahr! Aber auch ein Pfarrer ist nicht gefeit vor Fehlurteilen!"

„Dann darf er nicht das Christentum auf sein Panier schreiben! Sehen Sie, Herr Fürholzer, das mein ich mit Pharisäertum: wenn man das Christentum vorschützt und sein eigenes Süppchen kocht, wie es unchristlicher nicht mehr geht! Darum mach ich alles mit meinem Herrgott selber aus, da brauch ich keinen Zwischenträger wie den Pfarrer und seine Kirche!"

„Das dürfen S' aber nicht laut sagen, Frau Mahler, sonst könnten S' wirklich Schwierigkeiten bekommen! Nicht von mir, nein, nein! Ich verstehe Sie gut! Nur zu gut! Doch ist es oftmals klüger, den Mund zu halten als die eigene Meinung zu äußern. Das kann einem ganz fürchterlich schaden!"

„Unrecht erleiden und dazu auch noch den Mund halten zu müssen, ist schändlich! Da schad ich mir schon lieber und bleib mir selber gerecht!"

Anton Fürholzer staunt nicht schlecht über das kleine schmächtige Persönchen vor sich, das er keines Aufbegehrens für fähig gehalten hat, und er ist froh, eine solch mutige junge Frau als Mitarbeiterin bekommen zu haben, die keine Duckmäuserin ist und nur fromm tut, aber mit den behinderten Kindern umspringt wie der Pfarrer mit Mißliebigen, Angeschwärzten, ohne Verständnis für den Mitmenschen, ohne christliche Nächstenliebe!

Das Erbhäusl

Sie hatten es sich so schön zurechtgelegt, der Zwatzlberger von Sixtnitgern und seine Urschula: Da Bua werd a Pfarra, d' Tochta kriagt 's Haisl. Der Zwatzlberger hatte früher ein kleines Sachl besessen, das in den zwanziger Jahren auf die Gant gekommen war, und er hatte sich keinen Rat gewußt, wohin mit seiner Frau und seinem Töchterl, dem Maral. Da war ihm ein Glücksfall zu Hilfe gekommen: Die Tante Fanni hatte das Zeitliche gesegnet und ihm ein kleines Häusl am Rande des Dorfes vererbt. In dieses war der Zwatzlberger mit seiner Familie gezogen, und er verdingte sich als Taglöhner bei den umwohnenden Bauern, die Urschula aber ging auf die Stör und schneiderte den Bäuerinnen ihre Spenzer.

Das Maral sah der Mutter eifrig auf die Finger, betätigte bald selber Nadel und Zwirn, und so schickten es die Eltern, als es in die Feiertagsschule kam, in die Schneiderlehre zur alten Störnäherin Schneiter. Die Urschula selbst traute es sich nicht zu, der Tochter das Schneiderhandwerk beizubringen, da sie ja keine gelernte Schneiderin war, bloß eine Bäuerin.

Die Urschula hatte drei Kinder auf die Welt gebracht, das Maral, die Älteste, und Zwillinge, die aber bald nach der Geburt gestorben waren. Inzwischen war das Maral vierzehn geworden, und die Urschula sehnte sich nach einem Buben.

„A Stammhoita waar hoit no recht, goi, Urschula!" sagte der Zwatzlberger oft zu seiner Frau, wenn er abends nach der Arbeit nach Hause kam, und diese nickte freudig:

„Wennst moanst, Barthl!" In ihre Freude mischte sie aber geschickt einen Schuß Ergebenheit, denn sie konnte doch ihrem Mann nicht so unverhohlen zeigen, wie sehr dies auch ihr Wunsch sei, noch einen Buben zu haben, schon gar nicht vor der heranwachsenden Tochter, die unter dem Herrgottswinkel über einer Schneiderarbeit saß und die Ohren spitzte:

„Z' wos brauchts denn ös no an Schratzn!"

„Hoh, hoh!" brauste der Zwatzlberger auf, während sich seine Urschula, rot anlaufend vor Scham, über das Herdfeuer beugte, „hoh, hoh, schaug de Rotzbibbn net o! No net trucke hinta de Ohrwaschl und ins scho Vorschriftn macha woin! De schaug net o!"

„I sog ja bloß! Boi 's Sach langt, na kinnts eich ja no oans oschaffa, vo mir aus!"

„Boi 's Sach langt! Vo dir aus! Wia kimmscht ma'n du vür! Ghört 's Sach scho dei, daß d' ins schuahriegln derfst! Do bischt ma fei no a wene gor z'gring, daß d' as mirkscht, Gurgl, ruachate!"

Ob der scharfen Zurechtweisung durch den Vater zog es das Maral vor, den Mund zu halten, aber in seinem Innern brodelte es: Schaug de zwoa net o, an Schratzn woin s' no, de Kindsköpf, de oidn, wo i mi aufs Haisl scho a so gfreu! Boi's a Bua werd, na kriagt's der und i gaang laar aus, Deifi, Deifi!

So wie es sich die Eltern gewünscht und für richtig befunden hatten, geschah es auch: Über drei Jahren gebar die Urschula, und es wurde ein Bub.

„Hot iatz dös no sei miassn, Herrschaftsseitn!" grantelte das Maral, das inzwischen von einem schlanken Mädchen zu einer Brentn herangewachsen war, und deren Raßheit noch zugenommen hatte. Sie ging mit dem Girgl, einem Bauernknecht, und träumte vom Heiraten, und sie machte sich Hoffnung auf das Elternhäusl. Draus wurde es nun wohl nichts.

„Bischt net glei staad!" versuchte der Vater sie zu zügeln. „Boi dös d' Muadda hört! Wia dös amoi mim Haisl nausgäht, dös ko ma iatz no net wissn. Vielleicht werd da Bua a Pfarra. Do waar a vasorgt und 's Haisl kunnst du hom – daß de arm Soi a Ruah hot!"

Das Maral war baff. An so was hatte sie freilich noch nicht gedacht: Daß da Bua Pfarra werd! Das gäbe der Sache eine völlig neue Wendung, das Häusl wäre für sie also noch nicht verloren! Sie schöpfte wieder Hoffnung.

„Ja, Vadda, dös waar scho glei fräde dös Bescht, boi da Bua Pfarra wurad, na kunnt i ja heiran!" stieß sie atemlos hervor.

„Do werscht da scho no a bißl Zeit lassn miassn, Maral, dös gäht net vo heit auf moing!" dämpfte der Zwatzlberger den Überschwang seiner Tochter. „Bischt ja no net amoi voijahre, und 's Haisl hot net Platz für zwoa Familien, san ja mir Oide aa no do, d' Muaddar und i!"

Im Maral stiegen Gift und Galle hoch:

„Für'n Girgl waar koa Platz net do, aba für'n Buam scho, wia reimt se dös zsamm, Vadda?"

„Dös konn a da scho song, ös seids no koane neun Monat vaheirat, na rutscht scho dös erscht Kind daher, na wurad's eng. Wart hoit no, bis d' sechsazwanzge bischt, na is da Bua zehne, und mir dean ma'n außa Haus ins Seminare, na habts ös zwoa an Platz, du und dei Girgl!"

„Naa, Vadda, dös mach i net mit, so lang wart i net mim Heiran! Dawei laaft ma da Girgl davo!"

„A wo! Bois d' eahm recht schee duascht, na bleibb a da scho, und boi a da davolaaft, na soi a's doa, vo mir aus!"

„Vo dir aus, vo dir aus!" zahnte das Maral. „Dös sogscht du a so, und i nachat, i schaugat mim Ofarohr ins Gebirg!"

Das Maral fing zu weinen an und warf wütend mit dem Schürhakl die Eisenringe auf dem Herd ineinander, daß es klirrte.

„No, no!" brummte der Zwatzlberger, „a soichane Fud!", aber so leise, daß es seine Tochter nicht hören konnte.

„De kratzat da d' Aung aa no aus, de schaug net o!"

Die Zwatzlbergerin kam, von dem Klirren und Gegreine aufgeschreckt, aus der Schlafkammer geschlurft, wo sie den Säugling zum Schlafen gelegt hatte, und fragte, von einem zum andern blickend:

„Wos habts denn ös zwoa, habts ös gschtrin?"

„A wo!" antwortete der Zwatzlberger, sich verlegen am Kopf kratzend, „'s Maral mächt heiran!"

Das Maral schluchzte noch heftiger und wischte sich mit dem Ärmel die Nase.

„Wos, 's Maral mächt heiran?" wiederholte die Zwatzlbergerin überrascht, „wia dös?"

Der Zwatzlberger zuckte mit den Schultern:

„Wei s' hoit heiran mächt!"

„Is dös net a wenig z' friah? 's Madl is do erscht siebzehne!"

„I hob's ihr ja gsagt, daß's no z' friah is, und iwahaps, da Platz is aa net do."

„Awa für eian Schratzn scho, goi!" plärrte das Maral.

„Hoitst net glei dei Goschn, dei vorlaute, siehgst denn net, wias d' d' Muadda daschreckst!"

Die Zwatzlbergerin war ganz fahl im Gesicht geworden und sank aufseufzend auf die Ofenbank nieder.

„Naa, naa, dös Madl, wia dös daherredt, vo sein eigna Bruada!"

„Is ja wohr aa! Boi ma do gor nix mehr guit, bloß no na Bua!"

„A so muaßt daherren, daß d' de net schaamst!" schimpfte der Vater.

„I mi schaama, soweit kaam's no! Boits mi ös net heiran laßts und boi dös Haisl z' kloa waar für ins und mein Girgl!"

„Ja wart hoit no a paar Jahrl, bis da Bua aus'm ärgschtn Dreck drauß is, na laßt ma'n Pfarra wern, und 's Haisl ghört dei!"

„Boi i an oide Gurkn bi!"

„Mit sechsazwanzge!"

„Dawei hot si da Girgl an anderne gsuacht!"

„A dasoi!"

„Wiaso dasoi? Is ar eich leicht net guat gnua?"

„Dös hob i net gsagt! Draah ma no 's Wort net im Mäu um! I acht'n scho, dein Girgl! A jäda Stand hot sein Ehr!"

„Wo a do bloß a Knechtl is, der ko freile net hi gega eian Pfarra!"

Das Maral lachte sarkastisch.

„Iatz werscht ma glei gor a bißl z' frech!"

„Is ja wohr aa!"

Das Maral warf den Schürhaken hin und stürmte aus der Küche, die Türe hinter sich zuschlagend.

„Naa, naa, dös Madl!" stöhnte die Zwatzlbergerin, „wos is denn aus dem Madl worn! Mir hom 's do rechtschaffn erzong!"

„Woih, woih!" nickte der Zwatzlberger, „awa wos koscht macha, boi d' Kindar a so wern! Vielleicht werd da Bua an anderna, vielleicht werd ar a Pfarra!"

„Insa Herrgod geb's!" seufzte die Zwatzlbergerin und blickte demutsvoll zu dem Gekreuzigten im Herrgottswinkel auf.

Zunächst schien der Herrgott von den Absichten und Hoffnungen der Zwatzlbergerin angetan zu sein, einen Diener des Herrn aus ihrem Martl zu machen, und er setzte in seinem unerforschlichen Ratschluß alles darein, dem Buben den Weg zum Priestertum zu ebnen. Er schenkte ihm eine gute Auffassungsgabe, so daß er sich anfänglich leicht tat beim Lernen, und er gab ihm einen verständigen Pfarrherrn, der dem Buben einen Platz im Seminar besorgte; denn ohne Fürsprache des Ortsgeistlichen wäre dieses dem Martl verschlossen geblieben.

Der Martl kam mit Gottes und des Religionslehrers Hilfe bis zur siebten Gymnasialklasse, aber weiter ging es beim besten Willen nicht mehr, trotz Repetierens und der Opferung einiger Kerzen in Altötting. Der Herrgott hatte wohl seine eigenen Fähigkeiten überschätzt, einem Sixtnitgerner Buben soviel Geisteskräfte einpflanzen zu wollen, daß sie genügten, einen Geistlichen aus ihm zu machen. Grollend zog er sich in den hintersten Winkel einer Wolke zurück, streichelte seinen Bart und blickte mit Häme auf die weltlichen Lehrer herab, die das Urteil „Durchgefallen" über den Martl sprachen, und deren Unverstand das Werden eines Gottesdieners verhinderte.

Die Eltern des Martl traf es hart, als sie vernehmen mußten, ihr Bub könne nicht Pfarrer werden. Während sich die Urschula noch lange grämte, fand der Zwatzlberger bald seinen Gleichmut wieder: „Wia's kimp, a so kimp's!"

Am härtesten aber traf es das Maral. „Auwäh!" stöhnte es auf, „'s Haisl is hi!"

Inzwischen hatte sie ihren Girgl geheiratet, und beide hatten sie Unterschlupf bei einem Bauern gefunden, bei dem der Girgl diente.

„Ah, der Herr Pfarra gibt ins de Ehr!" empfing das Maral den Martl, als er sie aufsuchte, um ihr zu erzählen, wie es um ihn stehe. Er seinerseits hatte keinen Hock auf seine Schwester, obwohl sie ihm allezeit mit ihren spitzen Bemerkungen zusetzte und ihm hinrieb, daß sie allein ein Anrecht auf das Häusl habe.

„Griaß di, Maral, wia gäht's da denn nachat, wia gäht's na am Girgl?"

„Wia's hoit zwoa arme Heita gäht – im Gengsatz zo dir, scheint's, recht rausgfressn schaugst aus, wiar a richtiga Pfarra!"

„Dös muaßt net song, Maral, i bi koa Pfarra net und wer aa nia oana sei!"

„Warum nacha net?"

„Gäh zua, du woaßt as recht guat, warum frogst nacha!"

„Ja, leitn hob i scho wos hörn, aba gwiß woaß i's net. Hom s' di nausghaut?"

„A so ko ma's aa nenna!"

„Hoscht wos ogfangt?"

„Naa, dös net!"

„Wos nacha?"

„Durchgfoin bin i hoit!"

„Durchgfoin, sogscht?"

„Ja, mir is's zwida gnua!"

„Moanscht, ins net!"

„Dir und am Girgl?"

„Warum net!"

„Weits eich schaamts mit ar am Durchgfoina?"

„Dös grod net!"

„Weits eich an Pfarra eibuidt habts?"

„I net, aba d' Muadda!"

„Aba recht waar's da aa gwen, boi i a Pfarra worn waar!"

„Dössoi scho, hätt hoit na 's Haisl kriagt!"

„'s Haisl?"

„Iatz dua net a so, ois wissast dös net! Da Vadda hot oiwei gsagt: Da Bua werd a Pfarra und 's Maral kriagt 's Haisl!"

„Do woaß i nix davo!"

„Iatz daat a nix wissn, da Schlauberga, iatz wo a's soiwa braucht!"

„I brauch nix!"

„So, nix? Wo schliafst na unta?"

„Freile bleib i dahoam, aba 's Haisl brauch i net!"

„Dös sogscht du bloß a so!"

„Boi i da's sog!"

„Na machst as mim Vaddar aus!"

„Ja!"

„Und sogscht eahm, daß d' 's Haisl net mogscht!"

„I wer's eahm scho song!"

„Aba gwiß! I kimm auf d' Nacht ume zo enk!"

„Is recht!"

„Aba daß d' ma bei da Stanga bleibst!"

„I foi net um!"

„Nachat pfüat di, Pfarragsoi, windiga!"

„Do net Pfarra!"

„Soi i leicht song, Herr Durchgfoina?"

„Dös waar net schee vo dir!"

„Na oiso! Und daß d' ma's net vagißt, dös weng am Haisl!"

„I vagiß's scho net, Maral, kost di auf mi valassn!"

„Boi's gwiß is!"

„Boi i's da vasprich!"

„Oiso, na guit's!"

„Freile! Iatz muaß i aba wieda geh!"

„Schwing di no!"

„Na pfüat di!"

„Pfüat di, Hallodre!" zischte das Maral durch eine Zahn-lücke, aber der Martl hörte es nicht mehr.

Am Abend kam das Maral zu den Eltern herüber und hockte sich erwartungsvoll an den Tisch, auf dem eine Schüssel ungeschälter dampfender Erdäpfel stand, daneben ein Salzfaß. Der Vater griff sich einen Erdapfel und begann ihn mit seinem Schnacklmesser abzuschälen, wobei er ihn von einer Hand in die andre schutzte:

„Herrschaftseitn, is der hoaß! Do vabrennst da ja glei d' Glubbal!"

„Spitz 'n hoit auf Gowe nauf!" riet die Urschula, die einen Brotlaib auf den Tisch legte, „na gäht's leichta!"

Der Martl saß mit traurigem Gesicht unter dem Herrgotts-winkel und machte keine Anstalten, sich an der Abendmahl-zeit zu beteiligen.

„Wos is'n mim Buam, hot der koan Hunga net?" fragte die Mutter besorgt.

Noch ehe der Martl antworten konnte, feixte das Maral:

„Da Herr Pfarra werd hoit wos Bessas gwohnt sei ois wiar Erdepfe!"

„No, no, dene hom's as aa net hint neigschteckt an Semi-nare drunt, goi, Martl!" beschwichtigte die Mutter.

„Naa, gwiß net, mir hom aa nix anders ghabt ois wiar Erdepfe und Kardoffe, und oiwei a Kraut dazua, mir hängt's scho zon Hois raus!"

„Hob i's net gsagt, es is eahm nix guat gnua! Sei gweihchte Wampn vatrogt, scheint's, koa Kraut net!"

„Hoitst net glei dei Mäu, du ausgschaamts Weibsbuid, du! Iatz daat's eahm no 's Essn vürwerfa!" donnerte der Vater und schlug mit der Faust auf den Tisch, daß das Salzfaß umfiel und aus den winzigen Löchern feine Streifen Salzes herausrieselten, „glangt's no net, daß d' eahm 's Haisl net vagunnst!"

„Wos vagunn i eahm net?"

„'s Haisl!"

„Iatz werd's Dog!"

„Hoscht eahm net voring auftrogn, er soi mir song, daß a 's Haisl net mog und daß i's dir ibaschreim soi!"

„Habts ös net oiwei gsagt: Da Bua werd a Pfarra und 's Madl kriagt 's Haisl!"

„Dössoi scho! Aba iatz is's hoit anderscht kemma! Da Bua werd iatz koa Pfarra nimma, dössoi woaßt do!"

„Und kraigt 's Haisl, wei a koa Pfarra net werd! Muaß ma 's Durchfoin belohna aa no!"

„Hoit di zruck!"

„Net hoit i mi zruck! Wos wohr is, derf gsagt wern!"

„Wos is nacha wohr, ha?"

„Daß a durchgfoin is, da Martl, und koa Pfarra net werd, und 's Haisl kriagt ar aa no fürs Durchfoin! Er wui's aba gor net!"

„Dös werst na du wissn!"

„Er hot ma's soim gsagt, da Martl!"

„Da Martl?"

„Ja freile, da Martl, wer sinscht?"

„So, so, da Martl? Der sogt vui, boi da Dog lang is! Iatz sagg a's, spata bereit a's!"

„Aba boi a do dös Haisl gor it mog, Vadda! Sinscht hätt a's mir it gsagg! Boi a's it mog, kunnst do dös Haisl mir gem! Da Girgl und i, mir kaantn's notwendi braucha!"

„Pfiefkaas! Boi i's aba eich gor it gem mog?!"

„So is's recht!"

„I mog da 's Haisl it gem, weis d' ma du gor z' ruachat bischt!"

„Wos bin i?"

„Ruachat!"

„Dös mogst du mir song! Boi mir zwoa rackern, da Girgl und i, daß ins d' Lunga raushängt und daß's umgäht! Mir daan dös Haisl gwiß wieda schee zsammrichtn, boi's ins ghörat!"

„Ja mit wos denn? Mit de Lais und mit de Fläh?"

„A so derfst aa net daherren, Vadda! Moanscht mir richtatn 's Haisl mit nix her! A bißl wos hom mar ins scho daschpart!"

„Wer's glaabb! Habb's ja soim nix zon Beißn!"

„Moanscht, eia Martl kunnt's zsammrichtn, de oid Hiawan!"

„Er werd aa wos lerna und a Goid hoamtrong!"

„Do laaft no vui Wassa an Bach owa!"

„Deisch di net! Da Martl werd's scho packa!"

„A so wiar im Seminare drunt?"

„Gäht's di wos o, boi a Pech ghabb hot an Laddein!"

„A so daat ma's iatz nenna: Pech ghabb! Boi a z'bläd war und durchgfoin is!"

„Dös gfreit di scho besunders! Sog's pfeigrod, daß's di gfreit!"

„Wos soi i mi do gfrein üba de Schand!"

„Wei deine Aung gor a so glänzn!"

„Dös buidst da grod ei!"

„I siehch da's do o, daß's di gfreit!"

„Do deischt di aba schwaar! I neid neamd nix, und aar am Martl net 's Durchfoin!"

„Hörst iatz net glei auf!"

„Is ja wohr aa! Wia stäht's na iatz mim Haisl? Kriagt's iatz wirkle da Martl oda kriag's i?"

„Du kriagst as amoi net!"

„Dank da recht schee!"

„Nix zon Danga! Grod mit Fleiß gib i da's net, weis d' di gor a so gifst!"

„Dös woaß i scho, daß i de Bäs bi, aba da Martl, dös is eia Herzebobberl!"

„Er hot no nia net so saudumm dahergredt ois wia du!"

„Er hot aar auf geischtle schtudiert!"

„Do braucht ma net schtudiern, daß ma woaß, wos ma redt!"

„Wos redt ma na, boi ma net schtudiert hot, ha?"

„Jädnfois redt ma net so saudumm daher ois wia du!"

„I ko's hoit net anderscht! I bi hoit net so gscheit wia da Martl!"

„Na hoitst dei Mäu!"

„I hoit's scho!"

„De muaß oiwei 's letscht Wort hom, de mit ihra Schaar-schleiffagoschn!"

„Dös derfst aa wieda net song zon Madl, Vadda!" mischte sich die Zwatzlbergerin ein, aber der Zwatzlberger beachtete sie nicht. Alles, was er bedacht hatte, seitdem er wußte, daß der Martl kein Pfarrer werden würde, mußte heraus.

„Oiso, da Martl kriagt 's Haisl, damit is ausgredt! Und daß a's dahoitn ko, dafür werd scho gsorgt!"

„Wuist eahm du aa no d' Hausköschtn zoihn, eahm vielleicht aa no durchfuadan, an Herrn Faulenza! Da vakracht Pfarra werd do in Äwigkeit nix Gscheids wern!"

„Dös werst na du wissn!"

„I ko ma's denga!"

„Nix koscht da denga! Da Bua werd a Beamta, do ko's eahm nia net naß nei, und 's Haisl kon ar aa dahoitn, leichta scho ois wia du und dei Girgl!"

„Daß i net lach, a Beamta! De Stumhocka, de kaasign, und oiwei d' Hand aufhem, daß s' eahna Ghoit kriang am Erschtn!"

„Hoitst as du net aar auf, dei Hand, du ganz Gscheide! Dir fliang ja de Brona vo soiba ins Mäu nei, weis d' as so weit aufreißt! Da Martl werd zwoamoi sovui vadeana ois wia du und dei Girgl mitaranand!"

Das Maral riß vor Verblüffung die Augen auf wie eine Kuh, wenn's blitzt, und stierte den Vater an. Das hatte gesessen, das mit dem doppelten Verdienst! Aber sogleich fand sie die Sprache wieder.

„Do kon ar an scheena Gang hom, da Herr Bruada, ois ar a Beamta, voraus, boi ma eahm zerscht 's Schtudium zoiht hot, und mi, mi habts zo da oidn Schneitern gschickt auf d' Schneidalehr! Do bin i net fett worn!"

„Dahungert bischt net!"

„Ghungert hon i gnua!"

„Gäh zua! Warum waarst na so foascht worn!"

„Iatz daat a ma d' Korpulenz vürwerfa, da Vadda, boi do dös de Driasn san!"

„Driasn oda da Rahm, den wos d' am Weihrabaur vo da Milli obasaufst! Aba wos gäht's mi o!"

„I hob no nia net an Rahm vo da Milli obagsuffa, dös is an offenbarige Lug! Wer hot da dös bloß eigschbiem?"

„D' Weihrabairin hot's ma soim varatn, und d' Haberl Räs hot di soibigsmoi gsähng!"

„De Loasna!"

„Gäh, gäh!"

„De ausgschaamtn!"

„I kenn d' Weihrabairin ois an wahrhaftigs Leit, und aa d' Haberl Räs daat nia net liang!"

„Da wahrhaftige Deife is s', d' Weihrabairin!"

„Iatz vasündigst di gega dei Brotgeberin!"

„Dös werd's nimma lang sei, boi s' a so liagt, dös valong Luada, dös, und knigga duat s' aa und zoiht da jädn Bissn vür!"

„Vo mir aus liagt s' odar aa net, aba du brauchst net am Martl 's Schtudiern vürhoitn! Dös hot sowiaso hoibat d' Kircha zoiht!"

„Ja, mit de Notscherl vo de oidn Weiwa aus'm Opfastock! Gschaamt hätt i mi scho!"

„Schaam du di wega deina Goschn!"

„Dös muaß a ma net song lassn!"

„Na hoitst dei Mäu!"

„I hoit's scho!"

„Werd aa Zeit!"

Die Hin- und Herrederei hätte noch endlos so weitergehen können, und wer weiß, welche Formen sie noch angenommen hätte, wenn nicht der Herr Pfarrer persönlich erschienen wäre, „um einmal vorbeizuschauen, wie es dem Martl geht", denn der Martl hatte sich nach seiner Rückkehr aus dem Seminar noch nicht im Pfarrhof blicken lassen. Martls Furcht vor einer pfarrherrlichen Schelte war aber völlig unbegründet, wie sich jetzt herausstellte; denn der Pfarrer tröstete ihn ob seines Mißgeschicks und bestärkte den Martl darin, Beamter werden zu wollen, als ihm der Zwatzlberger davon berichtete.

„Da hast du einen richtigen Entschluß gefaßt, Martl!" sagte der Pfarrer belehrend, „ein Beamter wird niemals arbeitslos und hat immer sein Auskommen!"

„Und hockt oiwei trucke drin!" ergänzte der Zwatzlberger, und der Pfarrer lächelte mild:

„Freilich, freilich, Zwatzlberger, der Regen wird Ihrem Martl nichts anhaben können so wie Ihnen, wenn Sie auf dem Feld sind, und dem Martl sein Gerschtl", der Pfarrer rieb Daumen und Zeigefinger seiner rechten Hand und schmunzelte, „wird nie verfaulen vor Nässe, weil er es ganz schnell auf die Bank legt und Zinsen einheimst!"

Der Martl sagte gar nichts, aber das Maral hielt sich nicht mehr zurück:

„So aus werd's mit de Zinsn net sei! Und fett werd ar aa net ois a Beamta, da Martl!" Und flugs war sie aus der Küche.

Der Pfarrer blickte ihr betreten nach und die Zwatzlbergerin seufzte:

„A Kreiz is's, Herr Pfarra!"

„Da ham S' recht, Zwatzlbergerin! Aber freun Sie sich am Martl! Das ist ein anständiger Bub und wird's schon recht machen, gelt, Martl!"

Der Martl nickte.

„Jetz hab ich mich aber versäumt! Ich muß noch einen Krankenbesuch absolviern! Die Schelchshorn-Mutter ist schon die siebte Woch bettlägerig!"

„I woaß's! Dös arm Leit! A so herlein miassn!"

„Unser Herrgott hat's so beschlossen!"

„Mir miasst ma's nehma, wia's kimp!"

„Da ham S' eine christliche Einstellung, Zwatzlbergerin!"

„Es muaß hoit sei!"

„Ja, ja, so ist's! Gelobt sei Jesus Christus!"

„In Ewigkeit Amen, Herr Pfarrer!"

Der Martl wurde tatsächlich ein Beamter, und zwar ein Inspektor bei der Deutschen Bundesbahn. Er durfte im Bahnhof der Kreisstadt die Ankunft und Abfahrt der Züge durch ein Mikrophon ansagen, wobei er bei letzterer eine Handkelle hob, in eine Trillerpfeife blies und rief: „Bitte Türen schließen! Der Zug nach München fährt ab!" Aber er verdiente sein gutes Geld und hatte bald soviel zusammengespart, daß er heiraten konnte. Sein Vater hatte ihm das Häusl überschrieben, und nach dem Tod der Eltern bewohnte er es nun mit seiner Frau Joneleit. Diese war eine Heimatvertriebene aus Tilsit und darum in den Augen der Schwägerin, des Maral, hinreichend verdächtig. Trotzdem kam das Maral recht häufig zu den jungen Zwatzlbergers herüber zu einem Plausch, der aber niemals harmlos verlief, sondern jedesmal mit Sticheleien über das entgangene Häusl endete, obwohl ihr der Bruder einen erheblichen Batzen Geld, für das er ein Darlehen aufnehmen mußte, gezahlt hatte, „nausgmacht", wie man in Sixtnitgern sagte.

Einmal traf das Maral die Joneleit allein an.

„Wos hoscht'n heit Guats kocht?" fragte sie scheinheilig, und Joneleit antwortete arglos:

„Königsberger Klopse!"

„Ssa, frißt da dös da dei?"

„Warum nicht, Marie! Der Martin ißt das sehr gerne!"

„Frißt a da iatz gei gor scho aus da Hand?"

Joneleit bekam nasse Augen, und das Maral bemerkte es, hätte Joneleit noch klar sehen können, mit Genugtuung. Befriedigt über den Erfolg ihrer Stichelei setzte sich das Maral an den Tisch, während Joneleit am Herd hantierte.

„Wann laßts na eia Kich wiedar amoi weißln? Hibsch ruaße is's scho!"

Joneleits Augen folgten denen des Maral, deren Blicke über die Küchendecke kreisten.

„Da hast du schon recht, Marie, aber wo nehme ich gleich einen Maler her!"

„Wiaso du? Ghört's Sach scho dei? Hot da Martl nix mehr zon schnowen? Waar dös net am Martl sei Sach, an Maler z'bstoin!"

„So beruhige dich doch, Marie! Freilich gehört dem Martin das Haus, aber er überläßt mir halt gern die Regelung des Handwerklichen, wo er doch so eingespannt ist in seinem Beruf!"

„A Beamta reißt se koan Haxn net aus!"

„Das mußt du nicht sagen, Marie! Er klagt mir oft über die viele Arbeit!"

„Boi a zwoa linke Händ hot! Aba freile, an Seminare drunt lernt ma 's Arwatn net!"

„Der Martin hat es immerhin bis zur Oberstufenreife gebracht!"

„Ssa, wei dös aa scho wos waar! Aba zon Pfarra hot's net glangt!"

„Gott sei Dank, sonst hätte ich ihn nicht kennengelernt!"

„Waar eahm do wos entganga!"

„Ich bitte dich!"

„Han?"

„Ich meine, du redest aber wirklich komisch daher!"

„Ssa?"

„Vielleicht wäre der Martin aber auch ein guter Pfarrer geworden, wenn du das meinst, Marie!"

„Ssa, führt a se scho ois aar a soichana auf?"

„Wie meinst du das?"

„I moan, daugt a nix mehr im Bett, da Martl?"

„Jetzt gehst du aber wirklich zu weit!"

„Bois d' a so übar eahm redst!"

„Wie rede ich denn über ihn?"

„Von weng, er waar a guata Pfarra worn! Do muaßt do an
Grund hom, bois d' a so redst!"

„Er ist manchmal recht ernst, der Martin!"

„Do daat a mar aa d' Lätschn runtahenga, boi i 's Haisl voller Schuidn hätt!"

„Du meinst die Hypothek?"

„Ja, de moan i!"

„Die hat er doch aufgenommen, um dir deinen Anteil an
dem Haus hinauszahlen zu können!"

„Anteil is guat! 's meiste hot er eigsacklt!"

„Die Eltern hatten es so bestimmt!"

„Ah de, de warn do nimma richte im Kopf, sunscht hän s'
's Haisl mir gem!"

„Es war aber ihr ausdrücklicher Wunsch, daß es der Martin erhält!"

„Wei s' eahm hint neigschloffa san, dem vakrachtn Pfar-
ragsoin, dem vakrachtn!"

„Es ist alles gerecht geregelt worden!"

„Grecht, sogscht du? Dir is's freile recht, hockst ja dick und
fett gnua herin do, und da Martl hot nix zon schnowen!"

„Glaubst du nicht, Marie, daß es besser ist, wenn wir unser Gespräch jetzt abbrechen!"

„Schmeiß me no net glei naus! I gäh scho vo soiwa! D'
Wohrat wui koana gern hörn, i woaß's scho!"

Das Maral erhob sich zögernd und dachte krampfhaft
darüber nach, wie sie der Schwägerin noch eins versetzen
könne:

„Wann werd a na befördert, dei Martl? Is a no net lang gnua
Inschpekta! Do schtimmt do wos net!"

„Was soll da nicht stimmen?"

„Mit de Leischtunga, moan i! Dös kimp ma scho gschpas-
sig vür, daß s' eahm so lang net befördern!"

„Alles braucht seine Zeit!"

„Da Huawa Xare is scho nach sechs Johr Owainschpekta
worn, da dei krebst scho seit acht Johr rum!"

„Der Stellenkegel weist halt keine Beförderungsstelle aus!"

„Iatz waar's da Schtoinkegl, boi da Martl nix daugt! Pfüat
di, Joneleit!"

„Auf Wiedersehn, Marie!"

Joneleit war dem Weinen nahe, und das Maral sah's mit Be-
friedigung. So sehr labte sie sich an dem Genuß, es ihrer
Schwägerin, dem dahergelaufenen Flüchtlingsmadl, wieder
einmal so richtig gezeigt zu haben, daß sie es gar nicht mit-
bekam, diesmal nicht mit dem obligaten „Und besuch uns mal
wieder!" verabschiedet zu werden.

Die junge Frau Zwatzlberger erzählte ihrem Mann abends,
wie gemein die Marie heute zu ihr gewesen war, doch wenn
sie, Joneleit, sich der Hoffnung hingegeben haben sollte, der
Martin eile nun schnurstracks zu seiner Schwester, um sie zur
Rede zu stellen und die Ehre seiner Frau – auf die seine legte er schon gar keinen Wert – mannhaft zu verteidigen, so hätte sie sich gewaltig geirrt; denn der Martin war durch seine
klerikale Erziehung zu einem Duckmäuser geworden, der zu
allem Ja und Amen sagte und nicht wie ein Mann aufzutre-
ten wagte, um nur ja nirgends anzuecken, und überdies war
er Beamter, der das Maulhalten und Gehorchen gewohnt

war. Und seiner Schwester, der hätte er sich am allerwenigsten Paroli zu bieten getraut, eher hätte er noch dem Höllenteufel in den Rachen gegriffen!

Simon Apfelböcks Coup

Im Gegensatz zu ihm, Kastulus Mayr, war sein Amtskollege Simon Apfelböck ein Beamter, wie sich ihn die Vorgesetzten nicht wünschen: ideenreich, vorausschauend, selbständig und abhold jeglicher Buckelei, ja, er traute sich sogar, seine Meinung zu äußern, und war zuweilen kritisch und aufmüpfig; der steckte ihn mit seinem Mut glatt in den Sack, ihn, den Kastulus Mayr, der stets darauf bedacht war, ja nirgends anzuecken, und auch Anweisungen schluckte, die nicht unbedingt mit dem Gesetz vereinbar waren. Kastulus Mayr erkannte zwar immer gleich das Unrechtmäßige des ihm Aufgetragenen, aber er war ein geborener Ausführer und Vollzieher. Anfängliche Regungen zum Aufmucken und Widerstehen hatte man ihm beizeiten ausgetrieben, und zwar so gründlich, daß sie kaum mehr auftraten, und wenn, dann zügelte er sie sofort, ehe sie laut werden konnten, das heißt, ehe er vor der Frage stand, ein Wort in den Mund zu nehmen.

Nein, ein Maulaufreißer war er nicht, der Kastulus Mayr! Den Maulkorb, den man ihm verpaßt hatte, trug er geduldig und mit Fassung, und manchmal war er sogar froh darüber, weil er gar nicht reden hätte können, wenn er auch gewollt hätte. Zu seinem Verhalten paßte auch sein Aussehen: Stets trug er Ärmelschoner, wenn er, über seinen Schreibtisch gebeugt, vor einer Akte saß, deren Seiten er mit der Nasenspitze umzublättern schien. Manche seiner Kollegen witzelten, er habe das Gesicht einer Stubenfliege, deren Facettenaugen seine dicken Brillengläser nicht unähnlich waren.

Da war der Simon Apfelböck, der mit Mayr das Zimmer teilte und wie dieser Sozialhilfefälle zu bearbeiten hatte, schon ein anderer. Der ließ sich kaum etwas anschaffen und rannte mit dem Gesetzbuch unter dem Arm zum Vorgesetzten, um diesem irgendeinen Fehler nachzuweisen. Das sollte sich einmal er, der Kastulus Mayr, unterstehen! Man würde ihn dermaßen zusammenstauchen, daß er in keinen Schlappschuh mehr hineinpaßte! Schon der Gedanke, eine Vorsprache beim Vorgesetzten wahrnehmen zu müssen, versetzte ihn in helle Aufregung. Er bekam Schweißausbrüche und nasse Hände und klopfte auch dann noch an die Türe zum Amtszimmer des Vorgesetzten, wenn ihm die Vorzimmerdame gesagt hatte, der Vorgesetzte sei nicht drinnen. Dabei krümmte er seinen Rücken und verharrte in gebückter Stellung, und wenn er zu allem Überfluß auch noch sein rechtes Ohr dem Schlüsselloch näherte, um nach dem Vorgesetzten zu horchen, der ja gar nicht im Zimmer war, riß ihn das schallende Gelächter der Vorzimmerdame aus seiner Erstarrung. Ja, das war er, der Kastulus Mayr, ein Buckler und Maulhalter par excellance, ein Maulkorbträger eben, ein Beamter, wie ihn die Vorgesetzten mögen, ihr Hausl und Fußabstreifer, und auch ihr Gegenbild, wie sie sich einbilden, an dem sie ihre eigene „Größe" abmessen.

Einmal aber brachte sich der Simon Apfelböck mit seinem Gesetzesfanatismus und mit seiner Rechthaberei in eine äußerst heikle Situation, wie es Kastulus Mayr schien, in die er selbst nie und nimmer hätte geraten können. Simon Apfelböck meisterte sie famos, und diejenigen, die es ihm einbrocken wollten, standen am Ende als die Angeschmierten und Belachten da, und das kam so:

Kastulus Mayr bearbeitete den Fall der Hilfesuchenden Kreszentia Riesl. Diese war eine alleinstehende Vierzigjährige, die ihrer Lebtag zwei linke Hände gehabt und somit auch keinerlei Anspruch auf Arbeitslosenleistungen erworben hatte. Deswegen aber brauchte sie um ihren Lebensunterhalt nicht besorgt zu sein oder gar zu darben, denn der allgütige Vater Staat hat ein Gesetz gemacht, das auch denen ein Auskommen sichert, die der Arbeit aus dem Weg gehen. Zwar enthält das Gesetz einen Passus, wonach derjenige keinen Anspruch auf Sozialhilfe hat, der sich weigert, zumutbare Arbeit zu verrichten, doch in der Praxis kommt er wegen großzügiger Ermessensmöglichkeiten der Verwaltung zu Gunsten der Hilfesuchenden und oft nicht nachvollziehbarer irrationaler Auslegung des Gesetzes durch die Verwaltungsgerichte kaum zur Anwendung.

Die Kreszentia Riesl also war eine solche, die vom Arbeiten nichts hielt. Gelernt hatte sie nichts, aus jeder Lehrstelle war sie ihrer unbeschreiblichen Faulheit wegen geflogen. Als Küchenhilfe war sie aufgrund ihrer Unsauberkeit nicht tragbar gewesen. Endlich bequemte sie sich auf Zureden ihres Sozialhilfesachbearbeiters Mayr hin, eine Stelle als Raumpflegerin anzunehmen. Diese aber gab sie bereits nach zwei Tagen auf, weil sie je eine halbe Stunde Hin- und Herweg hatte, und das zu Fuß. Unzumutbar ihrer Meinung nach. Auch eine zweite und dritte Putzstelle gab sie binnen kurzem auf, immer mit der fadenscheinigen Begründung, die Putzmittel verursachten ihr Kopfschmerzen, die zu reinigenden Büroräume seien nicht genügend beheizt, so daß sie sich erkälte, oder sie käme zu spät heim, so daß sie gar nichts mehr vom Feierabend habe. Dabei fing ihre Arbeit erst nach 16.00 Uhr an und endete bereits wieder um 18.00 Uhr. So war bald das Dutzend ausgeschlagener oder bald wieder grundlos aufgegebener Arbeitsstellen voll.

Simon Apfelböck beobachtete mit Häme die immer wieder mißglückten Versuche seines Kollegen Mayr, die Riesl von der Notwendigkeit einer eigenen Arbeitsleistung zu überzeugen. Eines Tages riß ihm der Geduldsfaden, und er sagte zu Mayr:

„Gäh weida, Kastulus, überlaß mir den Fall, i moan oiwei, der hot's in sich und daat di überfordern! Du bist mir schier z' weich dazua! Dera fauln Hena ko nur oana wiar i beikemma!"

Kastulus zog den Kopf ein und schob die Akte „Kreszentia Riesl" wortlos von seinem Schreibtisch auf denjenigen

Apfelböcks hinüber; die beiden Schreibtische standen sich nämlich gegenüber und stießen mit den Kanten aneinander, so daß sich die beiden Kollegen ziemlich nahe gegenübersaßen und sich anblicken konnten. Aber so furchtsam und unterwürfig war Kastulus Mayr in seinen fünfunddreißig Dienstjahren schon geworden, daß er sein Gesicht schamhaft vor seinem bedeutend jüngeren Kollegen in einer Akte verbarg.

Apfelböck griff gierig nach der Riesl-Akte und sagte zu Mayr:

„Was schaugst'n so traamhappert, Kastulus? Is's dir ebba net recht, boir i den Fall bearbeit? Sag ma's no glei, bevor i mir d' Müah mach und einsteig in de Sach!"

„Naa, naa, konnst'n scho ham, Simmerl, den Fall! Mir is bloß was eigfalln!"

„Dir was eigfalln?"

„Ja – daß i d' Rieslin vorgladn hab für heut um oife!"

„Dös trifft sich guat! Na wer e ihr glei Bescheid stäßn! Was hättst na wolln von ihr?"

„No ja, sagn hätt ich ihr wolln, daß s' koa Hilfe mehr kriagt, bal s' net arbeit!"

„Geh weida, dös faule Luada bringst do net zon Arwatn!"

„I nimma, weils d' ja du den Fall iatz bearbeitst!"

„Dössoi konnst glaam! Und wiar e's dera koch, dera Boizn!"

„Im Rahmen des Gesetzes?"

„Ha?"

„I moan, im Rahmen des Gesetzes werst as ihra kochn?"

„Ja freile, im Rahmen des Gesetzes! Was hast'n du gmoant?"

„Na sagst as ihr also, daß s' koa Hilfe nimma kriagt?"

„Ja, und dös gilt dann glei als Anhörung der Hilfeempfängerin, bevor i ihr an schriftlichen Einstellungsbescheid erteil!"

„Gekürzt hab ich ihr scho die Hilfe zum Lebensunterhalt um dreißig Prozent – nach pflichtgemäßem Ermessen – dös is ja Vorschrift, ehvor man d' Hilf eistelln kann!"

„Aber gfrucht hat's nix, dös hast ja gsehn!"

„Dössoi scho!"

„I bin ja gspannt, was s' für Aung macha werd, dösoi Gschupft!"

„I aa!"

Die beiden Beamten vertieften sich wieder in ihre Akten. Während Kastulus Mayr eine Stunde lang wortlos auf ein einziges Blatt starrte, blätterte Simon Apfelböck geschäftig in der Akte Riesl hin und her, und manchmal entfuhr ihm eine Bemerkung, die er mit einem unwilligen Kopfschütteln begleitete:

„Za, za, mit was für Ausflücht dös Weib daherkimmt, bloß daß s' nix doa braucht! Glaam daatst as net, bal's net drinstahngert im Akt!"

Aber die Ausbrüche des Simon Apfelböck gingen an seinem Kollegen ungehört vorüber. Vielleicht hing er in seinen Gedanken dem Sinn des Gesetzes nach, wahrscheinlich aber war, daß ihn gerade eine Blutleere im Hirn befallen hatte, wodurch seine Geistesabwesenheit hinlänglich erklärt schien.

Plötzlich klopfte es an die Bürotüre, recht energisch, keineswegs zaghaft und leise, wie man es Hilfesuchenden zubilligen möchte.

„Herrgodsaxn!" fluchte Simon Apfelböck, „es werd do net scho de Schuxn sei!"

Er blickte auf seine Armbanduhr.

„Bluatsaure Mare, es is ja scho zehn nach oife! Und vaspädt hot s' a se aa no! Nix arwatn und net aus'm Bett kemma, dös mag i! Herrrein!"

Die Türe ging auf, weiter als notwendig, und eine üppige Blondine trat ein – vielmehr: sie trat auf. Ohne des Herrn Apfelböck zu achten, walzte sie auf Kastulus Mayr zu, der sich vor ihrem heranschwappenden Busen duckte, stemmte beide Fäuste in die fettwelligen Hüften und keifte:

„Ja, wos foit denn Eahna net ei, Herr Mayr, mi do reizsprenga! Moana S', i hob nix Bessas net z' doa, ois wiar as Amp reizkemma! Wos woin S' na eigatle vo meina?"

Kastulus Mayr fuhr aus seiner Blut- und Gedankenleere auf, die augenblicklich entwich. Das merkte man an der Röte, die in sein blasses Amtsstubengesicht schoß. Er wollte etwas sagen, verschluckte sich aber an seinem Speichel und mußte husten. Apfelböck kam ihm zu Hilfe:

„Gehngan S' zu mir her, Frau Riesl, Eahnan Fall bearbeit iatz i. Mei Kollege is nimma zuaständig für Sie!"

„Ssa! Wia dös nacha?"

„Mir ham's uns so eigricht. Da Kollege hat was anders zon doa!"

„Ssa! Dös is mar aba gor net recht! Wo i do an Herrn Mayr iatz scho gwohnt bi, goi, Herr Mayr! Und Sie, Herr Apfebeck, san mar a gor a z' Scharffa!"

„So aus werd's net sei!"

„Wissn S' as nimma, wia S' ma soibigsmoi a Beihilf für a Paar Schuach vaweigert hom?"

„Dös ko net guat sei, i hab ja Ihrn Fall erst seit heit in Bearbeitung!"

„Soibigsmoi hom S' an Herrn Mayr vatretn, wei a krank gwen is, hom S' gsagg!"

„Ko scho sei! Aber erinnern duar i mi nimma!"

„Macht nix, Herr Apfebeck! Woi ma hoffa, daß S' heit gnädiga san, boi S' mein Fall iatz bearbeitn. Wos woit a denn, da Herr Mayr, vo meina?"

Die Hilfeempfängerin Kreszentia Riesl deutete mit dem Kopf zu Kastulus Mayr hin, der sich zusehends entspannte und sich einer distanzierten Aufmerksamkeit gegenüber der Riesl und dem Apfelböck hingab, da er ja von jeglichem Handlungszwang in dieser Angelegenheit befreit war.

„Was a wollt vo Eahna, mei Kollege? Eahna mitteiln, daß S' koa Hilf nimma kriang von uns, Frau Riesl!"

„I koa Huif mehr kriang? Wia dös?"

„Wei ma Eahna x-moi scho gsagt ham, daß S' arwatn solln, und befolgt ham S' as net!"

„Boi i do gor it ko!"

„Was kenna S' net?"

„Arwatn!"

„Gäh, macha S' Mäus! Si san do a gsunde Person, i bitt Eahna, Frau Riesl!"

„Boi e's Eahna sog, Herr Apfebeck!"

„Dös macha S' ma net weis! Mit vierzg Jahr!"

„Dö hom gor nix zon song! Mit vierzge konnst scho zsammgarwat sei!"

„Sie und zsammgarwat, wia 's blüahate Leben ausschaung und zsammgarwat sei wolln!"

„Dös scheint se bloß a so, wia 's blüahate Lem! I ko durchaus gor nimma arwatn! Boi e's hoit nimma daschnauf!"

„Naa, naa, Frau Riesl, dös bildn S' Eahna bloß ei! Mir wissn's anders!"

„Wos soi dös hoaßn?"

„Mir ham a Gutachtn im Akt, dös Eahna unbeschränkte Arbeitsfähigkeit attestiert!"

„Daß i net lach! Vo wem soi dös Guatachtn sei?"

„Vom Gsundheitsamt! Wissn S' as nimma, daß S' untersuacht worn san seinerzeit?"

„Naa! Wann soi dös gwen sei?"

„Letzts Jahr, am dritten Mai war's! Da liegt's im Akt, dös Gutachtn. Wolln S' as sehn?"

„Um Gods wuin, naa! I mog's gor it sähng! Mir war dös iatz ganz entfoin!"

„Dös glaabst!"

„Wos moana S'?"

„Aa nix! Aba wia stäht's nacha mim Arwatn, Frau Riesl? Boi S' weida nix dean, miassat mar Eahna d' Sozialhilfe sperrn! Gekürzt ham ma s' scho!"

„Ös werds me do net vahungern lassn!"

„Sie verhungern scho net, Frau Riesl, boi S' arwatn!"

„Boi e do net ko!"

„Daß S' arwatn kenna, dössoi stäht im Akt!"

„Aba d' Ausländer braucha nix doa!"

„Wern S' net unsachlich, Frau Riesl! Auch Ausländer miassn zerscht an Arbeitsversuch macha, ehvor s' Sozialhilfe in Anspruch nehma kenna!"

„Wer's glaabb! D' Ausländer wern do oiwei bevorzugt! Mir Deitsche schaung mim Ofarohr ins Gebirg, voraus d' Rentna, de wo ihra Lebdog garwat hom und na mit a boor Notscherl obgspeist wern!"

„Mia Beamte aa, Frau Riesl, miar aa!"

Der Blick des Sachbearbeiters Apfelböck richtete sich wehmütig und entsagungsvoll ins Ungefähre, bis er an den drallen Formen der Frau Riesl wieder Halt fand. Frau Riesl aber war durchaus anderer Meinung als der auf dem Gebiet der Beamtenbesoldung Entsagungen gewohnte Apfelböck:

„De Beamtn kenna S' ruhig aus'm Schpui lassn, Herr Apfebeck! De kriang eahna Sach und fressn ins her wia daamisch!"

„De Beamtn? Iatz gehnga S' zua, Frau Riesl! De Beamtn san allesammete arme Hundt!"

„Sie aa, Herr Apfebeck? I siehchs's Eahnar aba net o, daß S' darbn miaßatn wiar insaroans!"

„Höh, höh, Frau Riesl, darbn miassn Sie grad aa net! D' Sozialhilfe hat an weitn Sack!"

„Aus dem de Goida grod a so purzln!"

„Dös grad net! Aba lebn ko ma recht anständig vo da Sozialhilfe!"

„Gehnga S' zua, dös glaam S' ja woih soiwa net! Schaung S' mi no grod o, Herr Apfebeck, wia runtakemma i ausschaug!"

„Ma siehcht's, Frau Riesl, ma siehcht's!" Apfelböck lachte sarkastisch, während Mayr verstohlen den überschwappenden Vorbau der Rieslin betrachtete.

„Trotzdem, Frau Riesl", begann Apfelböck von neuem

das sich seiner Meinung nach im Kreis drehende Gespräch, „trotzdem, mia miaßt ma leider d' Hilf für Sie einstelln, wegn fortdauernder Arbeitsverweigerung!"

„Dössoi sog i Eahna, Herr Apfebeck, boi S' dös macha, na wern S' me kennalerna! Na gähn i bis vor'n Schbäditions-ausschuß, daß S' as wissn!"

„Wo gehnga S' hi?"

„Vor'n Schbäditionsausschuß!"

„Wenn S' scho moana, Frau Riesl, daß's grad dersoi Aus-schuß sei muaß, na miassn S' 'n aa richte bezeichnen: Peti-tionsausschuß! Der is aber net zuständig! Für Sie is's Ver-waltungsgericht!"

„I gäh aba vor 'n Schbäditionsausschuß! Do laß i mir gor nix dreiren vo Eahna, Herr Apfebeck!"

„Wenn S' moana, Frau Riesl! Na blamiern S' Eahna halt!"

„Wiaso soi dös a Blamaschi sei, boi i vor'n Schbäditions-ausschuß gäh?"

„Wei der net zuständig is! Aba wia S' moana!"

„Ja, dössoi moan i! Und iatz könnts me kreisweis, ös Be-amtnstier!"

Schwupp! war Frau Riesl draußen und warf die Türe hin-ter sich ins Schloß, daß Kastulus Mayr aus seinem Nachsin-nen über den sakrischen Busen der Rieslin fuhr. Simon Ap-felböck aber war im ersten Moment versucht, aufzuspringen und der Frau Riesl nachzuschimpfen, doch er besann sich ei-nes Besseren:

„Aa was!" stieß er hervor, „de soll do neifahrn zo ihrn ‚Spe-ditionsausschuß' und se lächerlich macha, dös Kracherl, dös wuid!"

Frau Kreszentia Riesl suchte höchstpersönlich den „Schbä-ditionsausschuß' beim Landesparlament auf, mußte sich aber bereits vom Portier darüber belehren lassen, daß es hier „koan Speditionsausschuß durchaus gor net gibt", allenfalls einen Petitionsausschuß, den sie aber nicht persönlich aufsuchen

könne; nur eine schriftliche Eingabe sei möglich. Eine solche
habe aber nur einen Sinn, wenn sie zuvor ihre verwaltungs-
gerichtlichen Möglichkeiten ausgeschöpft habe. Die Riesl
reagierte in der ihr eigenen Art:

„Na könnts me aar an Orsch lecka!"

Dennoch zog Frau Kreszentia Riesl, den Rat des Land-
tagsportiers befolgend, vor das Verwaltungsgericht, und was
dabei herauskam, hätte den allerhand gewohnten Simon Apfelböck fast gstreckterlängs hinghaut. Als er das Urteil des
Verwaltungsgerichts studierte, das die Klägerin, Frau Kreszentia Riesl, nach Durchführung des für sie negativen Vor-
verfahrens erwirkt hatte, war er geschockt. Was stand denn
so Außerordentliches drinnen, das einen bayerischen Beamten so sehr aus der Fassung brachte? Das Sozialamt habe, so
argumentierte das Verwaltungsgericht, der Klägerin zu Unrecht die Hilfe zum Lebensunterhalt eingestellt. Es dürfe die
Klägerin, auch wenn diese Arbeit verweigere, nicht aus der
Fürsorgepflicht des Sozialamtes entlassen werden, weil sie
sonst verhungern müsse!

„De damischn Ritter, de damischn! Auf dös san s' net
kemma, daß koana z' vahungern braucht, boi a arwat! Stäht
net ausdrücklich im Gestz drin, daß Selbsthilfe vor öffentli-
cher Hilfe zu fordern is! Braucha d' Richta 's Gesetz net z'
beachtn, bloß mir Vawaltungsdeppn?"

Dieses niederschmetternde Urteil des Verwaltungsgerichts
störte das Rechtsempfinden des Simon Apfelböck empfind-
lich, und er schwor sich, es der Rieslin heimzuzahlen.

Als diese eines Tages im Vollgefühl ihres Erfolges vor Amt
aufkreuzte, fuhr Apfelböck sie an:

„Ham S' as iatz endlich grichtsmaßig, d' Genehmigung zur
Faulenzerei, Frau Riesl!"

„Goi, do schaung S', Herr Apfebeck! Iatz hob i's eich
zoagt, eich Fedafuchsa! An arme Frau a so daschrecka! Ihra
nix mehr zon Beißn gem woin! Ja, dös könnts!"

„Freile, mit da Arwat ko ma Sie oiwei daschrecka! De fürchtn S' wia da Deife 's Weihwassa!"

„Naa, mit da Arwat könna S' mi iatz nimma schrecka, Herr Apfebeck! Iatz how e's grichtsmaße, daß i net arwatn brauch und do Sozialhilfe kriag! D' Arwat spuit iatz iwahaps koa Rolln mehr!"

„Leider, Frau Riesl! Uns is dös schleierhaft, wiar a Verwaltungsgericht so unlogisch entscheidn ko!"

„Mir net, Herr Apfebeck! Es gibt hoit do no a Gerechtigkeit auf dera Woit!"

„Iatz, wei S' recht kriagt ham! Hättn S' aba valorn …"

„Wos waar nacha?"

„Na daan S' plärrn!"

„I hob aba net valorn, sondern gwunna!"

„Mir rätselhaft! Mim Gsetz hat dös nix mehr zon doa! Dös is an offenbariger Rechtsbruch vom Verwaltungsgericht! De Richter hättn do aa so schlau sei kenna, daß koana vahungert, bal a arwat! Aba naa, d' Sozialhilfe muaß herhaltn!"

„De Grichta san hoit heitzedog so human, und dös derfa s' aa sei, boi oan sinscht de Beamtn untern Diesch neidruckatn!"

„Mir net! Mir vollziahng bloß 's Gsetz!"

„Aba foisch!"

„Dös wern na grad Sie wissn!"

„Hätt i sinscht recht kriagt?"

„Dös verstehngan mir durchaus gar net!"

„Aba i! Ös seids hoit sture und begriffsstutzage Beamtnköpf!"

„Wenn S' moana, Frau Riesl, daß Sie dös Verwaltungsgerichtsurteil verstehngan, na laßt ma Eahna hoit de Freid!"

Insgeheim aber kochte es im Innern Apfelböcks. Diesem faulen und obendrein noch eingebildeten Weibsbild würde er schon noch Mores lehren und ihm den Erfolg vor dem Verwaltungsgericht vermiesen. Dessen Urteil wertete er als persönlichen Mißerfolg. Er sah seine Aufgabe darin, dem Hilfesuchenden zwar das zu gewähren, was das Gesetz vorschreibt, gleichzeitig aber dem Fiskus Ausgaben zu ersparen, wo es nur irgend möglich ist und nicht nach Unrecht aussieht; das bereitete Simon Apfelböck ein diabolisches Vergnügen, gleich gar, wenn man dem Hilfesuchenden etwas abzwacken kann und ihm selber dabei nichts Gesetzwidriges nachzuweisen ist. Wofür gibt es die Möglichkeit der, wenn auch pflichtgemäßen, Ermessensentscheidung! Man kann jeden Sachverhalt so hindrehn, daß es dem Hilfesuchenden schadet und doch nicht nach Ermessenfehl- oder gar -mißbrauch aussieht. Und obendrein: Man kann seine Hände in Unschuld waschen und den Hilfesuchenden, wenn er sich beschwert, beim Vorgesetzten als Querulanten hinstellen.

Als jetzt Frau Riesl nicht nur die Weitergewährung der Hilfe zum Lebensunterhalt gemäß dem Urteil des Verwaltungsgerichts einforderte, sondern auch noch einen Antrag auf Gewährung einer einmaligen Beihilfe stellte, geriet Apfelböck vollends aus dem Häuschen.

„Was wolln S' denn noch alles!" rief er zornbebend, „langt Eahna dös no net, was Eahna 's Verwaltungsgricht zubilligt hat! Wia ma no so maßlos sei ko! Dössoi wissn S' scho, Frau Riesl, daß Sie der Gemeinschaft auf da Taschn liegn!"

„Dö soi no aa wos für mi doa, d' Gmeinschaft, voraus, wei e durchaus gor it arwatn ko!"

Zähneknirschend hörte sich Apfelböck die Forderung der Riesl, in seinen Augen eine Unverschämtheit, an: Indem daß sie eine neue Wohnung bezogen habe und eine neue Einbauküche brauche, und indem daß sie auch eine Umzugshilfe benötige und die Übernahme der Mietkaution …

„Wiavui soll na de kostn, de Einbauküch?" fragte Apfelböck lauernd.

„Fuchzeahdausat March!"

„Um Gotts willen, san Sie narrisch worn! Dös is do koa oafache Küch net, wia's 's Gesetz vorschreibt!"

„Mir schreibb neamd nix für, aa net 's Gsetz!"

„Da san S' in am offenbarigen Irrtum befanga, Frau Riesl! 's Gsetz sagt, daß mir nur einfache Einrichtungsgegnständ zahln derfa! Aba Eahna Einbauküch is ja scho a Luxusküch!"

„Wos S' net song! Es hot koa anderne net neipaßt!"

„Was heißt: net neipaßt? Is s' ebba scho drin?"

„Freile, mir is nix andas übrebliem!"

„Ham S' as zahlt aa scho?"

„A Bekannta hot mar a Goid glieha, aba bloß achtdausat March! De andan siemdausat hon i bei da Raiffeisenbank aufgnomma!"

„Sauber! Do kinnan mir nix mehr übernehma, boi S' as scho zahlt ham, Eahna Küch! Für Schuldn is d' Sozialhilfe net da, ausdrücklich Vorschrift!"

„Vorschrift hi, Vorschrift her! D' Bank wui sei Goid! Und aa da Bekannt benzt scho! Er sagg, er sähgat dös sei woih nimma!"

„Da kunnt a net unrecht ham, Eahna Bekannta! Mir jednfalls kenna's eahm net ersetzn, und aa net da Bank dös ihre!"

„Do stäh i ja sauba do! Schaugts eich mein Kontostand o! Nix wia lauta rote Zahln! Und d' Bank bhoit d' Hilfe zon Lebensunterhalt ei, boits ma's ös übaweists, hot s' ma androht, d' Bank! Nix werd s' ma rausrucka, sie mächt auf seine Köschtn kemma, sagg s'!"

„Dös derf s' aba net, d' Bank, de ganze Hilf oafach abbuchn! Zon Lebn muaß Eahna scho no was bleibn!"

„Dös sähng S' ja, daß ma nix bleim werd, boi Bank sei Drohung wohrmacht! Drum brauch i iatz glei a Beihuif!"

„Da konn i Eahna net dienlich sei, guate Frau! 's Gesetz macht net mit!"

So, jetzt hatte er, Simon Apfelböck, die Frau Riesl, diese siebengescheite Obsiegerin vor dem Verwaltungsgericht, da, wo er sie haben wollte, nämlich in der Zwickmühle zwischen Wunsch und Wirklichkeit, zwischen dem geltend gemachten und sicherlich vorhandenen Bedarf und den Möglichkeiten des Gesetzes! Von der einen Seite her bedrängen sie die Gläubiger, die Bank und ihr Bekannter, auf der anderen Seite stemmt sich das Gesetz in Gestalt des Sozialamtes gegen sie.

Die Rieslin war wütend:

„Boits ös net mögts, na muaß i mir mei Recht woanderscht suacha! Na geahn e zo da Landrätin Snakenmaul! Na werds as scho sähng! I hob scho amoi recht kriagt vor'n Vawaltungsgricht! Na werd's aa bei da Landrätin hihaun!"

Sprach's und rauschte aus dem Amtszimmer. Verdutzt sahen sich die Kollegen an. Auwäh, Zwick! Boi de zo da Landrätin laaft, na gibt's Zoff! De konn do koam was abschlagn! Aba mit mir net, mim Apfelböck Simon net! Da werd sa se ihre Zahnderl ausbeißn, d' Landrätin!

Kollege Kastulus Mayr dagegen war ganz geknickt und versenkte sich noch tiefer in seinen Stuhl. Als das Telefon klingelte und die Vorzimmerdame in den Apparat hinein befahl: „Glei zo da Frau Landrätin kemma, Herr Apfelböck, mit da Akte Riesl Kreszentia! Sie wart net lang, d' Frau Landrätin nämle, hat s' gsagt!", da war von Kastulus Mayr kaum mehr was zu sehen. Knacks, eingehängt!

„Urschl, damische!" zischte Simon Apfelböck, „de moant aa scho, sie waar d' Landrätin soiwa! Gäh, rutsch ma do iwan Buckl owa, Kirtagans, langkrogerte!"

Kastulus Mayr war entsetzt über die Unverschämtheit seines Kollegen. Er selbst war zwar derselben Meinung wie dieser, aber niemals hätte er sich so zu äußern gewagt. Wie froh war er jetzt, daß ihm der Apfelböck den Fall Riesl abgenommen hatte! Zugegeben, etwas vorschnell und fast demütigend! Aber was bedeutete das schon gegenüber dem Umstand, daß nun nicht er, Kastulus, zur Landrätin mußte, sondern der Apfelböck! Er selbst würde unwidersprochen jegliche Anweisung entgegennehmen, und wäre sie auch derart, daß der Frau Riesl die Beihilfe zu zahlen sei und somit auf gesetzwidrige Weise ihre Schulden übernommen würden! Wie wird sich die Landrätin verhalten, und erst der Apfelböck, dieser Kraftprotz?

„Gehngan S' no glei nei zo da Frau Landrätin! De wart scho auf Eahna!" empfing ihn Frau Heigl, als Simon Apfelböck das Vorzimmer betrat. Frau Heigl fühlte sich, obwohl nur Vorzimmerdame, als die wichtigste Person im ganzen Amt. Bei den Amtsangehörigen aber war sie als Zuträgerin verschrien, die ihre Augen und Ohren überall hatte. Apfelböck drückte die Klinke zum Zimmer der Landrätin, ohne zu klopfen. In seiner Raasch hatte er dies völlig vergessen. Das wäre seinem Kollegen, dem überhöflichen Kastulus Mayr, nicht passiert! Herrschaftsseitn!

„Grüß Gott, Frau Landrätin!"

„Guten Tag, Herr Apfelböck! Haben Sie die Akte Riesl Kreszentia bei der Hand? Ich hatte darum gebeten!"

Saxndie, jetzt hat er die tatsächlich vergessen!

„Entschuldigen S', Frau Landrätin, die ist grad im Schreibbüro. Ein Bescheid muß geschrieben werden!"

Er wurde nicht einmal rot bei seiner Notlüge. So abgebrüht war er schon – im Gegensatz zu seinem Kollegen, dem lappigen Kastulus Mayr, dem Lattierl, dem gselchten!

„Macht ja nichts, Herr Apfelböck! Nehmen Sie doch Platz, bitte! Sie wissen, worum es geht?"

„Ich kann's mir denken, Frau Landrätin, der Fall Riesl! Sie haben ja die Akte verlangt!"

„Frau Riesl hat mir ihr Anliegen bereits geschildert. Wie stehn Sie dazu, Herr Apfelböck?"

„Jawoih, dös hob i!" fiel die Riesl der Landrätin ins Wort. Breit und aufgeplustert saß sie neben der Landrätin am Besuchertisch. Zwei Sessel weiter, also in geziemender Entfernung von der Riesl saß Apfelböck wie auf Kohlen. „Aba oans vastäh i net, Herr Apfebeck", wandte sich die Riesl an diesen, „mein Akt hom S' do voring no ghabb! Der ko do net so schnoi ins Schreibbüro obikemma sei!"

Die Gurgl, die ausgschaamt, mi a so bei da Landrätin blamiern! Mi ois an Lugnbeitl hinstelln! Na wart no, dera kimm i!

„Nun ja, Frau Riesl, wie dem auch sei", versuchte die Landrätin abzuwiegeln, „Ihre Akte brauchen wir nicht unbedingt. Der Sachverhalt und die Rechtslage sind ja hinreichend klar, nicht wahr, Herr Apfelböck?"

„Das ist richtig, Frau Landrätin, nur will die Frau Riesl die Rechtslage nicht anerkennen!"

„Wos wui i net?"

„Herr Apfelböck meint, die Rechtslage entspreche nicht Ihren Vorstellungen", erklärte die Landrätin.

„Oda umkehrt!" zischte Apfelböck.

„Durchaus gor it!" ereiferte sich die Rieslin, „i muaß meine Schuidn zoihn und brauch a Beihuif für dös, Rechtslage hi, Rechtslage her!"

„Ja, ja, eine verzwickte Situation!"

„Für mi net, boi i zo da Presse gaang, na kriagat i scho recht!"

„Das Recht bekommen Sie auch bei uns, Frau Riesl, da brauchen wir die Presse nich zu!"

Einen Pressewirbel wollte die Landrätin verständlicherweise unter allen Umständen vermeiden, standen doch Wahlen an.

„Wia S' moana, Frau Landrätin! I sog bloß oans: Boin i zo da Presse …!"

„Ist ja schon gut, Frau Riesl! Wir werden schon eine Lösung finden!"

„Eine Lösung, Frau Landrätin, seh ich nur in der Inanspruchnahme der Schuldnerberatung eines Verbandes der freien Wohlfahrtspflege durch die Frau Riesl!" mischte sich Simon Apfelböck ein. „Die Übernahme von Schulden durch das Sozialamt ist nach dem Gesetz nicht möglich!"

„Zo da Schuldnerberatung gähn i net, und zo da Caritas scho gei gor it!" trotzte die Rieslin. „Wissn S', Frau Landrätin, i bi scho seit zwanzg Johr nimma in da Kirch!"

„Das tut doch nichts zur Sache! Die Caritas berät die Leute ohne Ansehen der Person, der Religions- oder Parteizugehörigkeit!"

„Dös san do lauta Schwarze!"

„Und wenn schon! Bei der Caritas werden Sie gut beraten, Frau Riesl!"

„Was meinen Sie, Herr Apfelböck", wandte sich die Landrätin an diesen, „können wir nicht der Frau Riesl eine kleine Beihilfe, sagen wir fünftausend Mark, gewähren? Beläßt uns das Gesetz wirklich keinen Ermessensspielraum?"

„Ich kann keinen erkennen, Frau Landrätin!"

Die Stimme Simon Apfelböcks klang mit einem Mal schneidend. Bezweifelte die Landrätin etwa gar seine Gesetzeskenntnisse? „Wenn wir der Frau Riesl nachgeben, Frau Landrätin, dann können wir gleich das Gesetz in den Papierkorb werfen! Dann kann jeder x-Beliebige daherkommen und die Hand aufheben!"

Die Landrätin war pikiert.

„Ich muß schon bitten, Herr Apfelböck! Nun schießen Sie aber über das Ziel hinaus! Ich meine, wir sollten der Frau Riesl helfen! Müssen wir denn unbedingt am Paragraphen kleben!"

Die Rieslin setzte eine siegessichere Miene auf und grinste höhnisch zu Apfelböck hin.

„Goi, Sie song's aa, Frau Landrätin! Bloß da bockboanige Fedafuchsa, da Apfebeck ..."

„Na, na, Frau Riesl!" fiel ihr die Landrätin ins Wort.

Apfelböck aber verkündete laut und deutlich:

„Sie können ja machen, was S' wolln, Frau Landrätin, aber ohne mich!"

„Wie sprechen Sie denn mit mir, Herr Apfelböck! Noch dazu in Gegenwart einer Klientin! Das verbitte ich mir!" entrüstete sich die Landrätin, während die Rieslin immer frecher ihre Genugtuung über die überraschende Wendung zu ihren

Gunsten kundtat. „Wenn ich sage, der Frau Riesl muß geholfen werden, dann haben Sie das gefälligst zu beachten, Herr Apfelböck! Eine Beihilfe von fünftausend Mark halte ich für vertretbar!"

„Ich nicht, Frau Landrätin, und mich brauchen S' nicht zurechtzuweisen, bloß weil ich das Gesetz beachte! Ich kenne das Gesetz und halte mich strikt daran! Da können Sie mir nichts einreden! Was gesetzwidrig ist, brauche ich nicht zu beachten!"

„Sie wollen mir doch keine Gesetzesverletzung unterstellen, Herr Apfelböck! Wenn Sie sich weigern, meine Anweisung, der Frau Riesl einen Zuschuß zu ihrer Einbauküche zu gewähren, zu befolgen, dann ist das eine glatte Dienstpflichtverletzung, Herr, Herr …!"

Die Landrätin mußte schlucken vor Erregung über die Widerspenstigkeit ihres Untergebenen. Hat man das jemals schon erlebt, daß sich ein Subalterner gegen sie aufgelehnt hat! „Das wird Konsequenzen für Sie haben, Herr Apfelböck!"

„Wenn S' ein Dienststrafverfahren meinen, Frau Landrätin, wenn S' an ein solches denken, dann steh ich auf guten Füßen, nämlich auf dem Boden des Gesetzes!"

„Meinen Sie, ich nicht? Ihre Weigerung betrachte ich als Dienstvergehen, und ein solches kann ein Grund zur Entlassung aus dem Dienst sein! Der Dienststrafsenat beim Verwaltungsgericht wird mir recht geben!"

„Ja, gehngan S' no zon Vawaltungsgricht, Frau Landrätin!" fing die Rieslin an, Öl ins Feuer zu gießen, nun ganz ihrer Sache sicher, „desoin Richta macha's scho richte und haun de Beamtn naus, de wo nix daung!"

„Ich bitte Sie, Frau Riesl, sich nicht einzumischen oder sich zumindest mit Ihren Bemerkungen zurückzuhalten!" versuchte die Landrätin die Riesl in die Schranken zu verweisen. „Im übrigen sind wir zwei schon fertig. Sie erhalten Ihre Beihilfe! Gehen Sie zu Herrn Mayr, der stellt Ihnen die Auszahlungsanordnung aus! Der Herr Apfelböck bleibt noch bei mir!"

Die Landrätin wandte sich an diesen:

„Mit Ihnen habe ich noch ein Wörtchen zu reden!"

Apfelböck zuckte mit keiner Wimper.

„Ich wüßte nicht, was ich hier noch verloren hätte!"

Die Landrätin war schockiert ob der Kaltschnäuzigkeit ihres Untergebenen. Die Rieslin aber preßte ihr die Hand mit ihrer Riesnpratzn, daß die Landrätin schmerzvoll das Gesicht verzog, und säuselte:

„Dank Eahna recht schee, Frau Landrätin! Do siehcht ma's hoit, daß Frau Landrätin an Vaschtähstmi hom! 's nachst Moi wer e Eahna wähln, boi S' aar a Schwarze san!"

„Ja, ja, Frau Riesl, ist schon recht!"

Die Landrätin drängte die Rieslin zur Türe hin. Wie mußte sie, die Landrätin, in den Augen ihres Beamten, des Herrn Apfelböck, erscheinen, der schadenfroh grinste und gewiß denken mochte, sie habe der Frau Riesl die Beihilfe nur deswegen zugesagt, um von ihr gewählt zu werden! Endlich war die Rieslin draußen, diese ungebildete, aufdringliche Person, die ihr diesen unangenehmen Zwist mit dem an sich tüchtigen Beamten eingebracht hat. Verflixt!

„Einen Augenblick müssen Sie hier schon noch verweilen, auch wenn Sie hier nichts mehr verloren zu haben meinen!" sagte die Landrätin bestimmt. „Als Erstmaßnahme treffe ich Ihre Versetzung in die Registratur, Herr Apfelböck! Das weitere werden wir sehen!"

Ah, da schau her! Will s' iatz einen Rückzieher machn? Angst vor der eignen Kurasch? Nix mehr mit Entlassung? Aber dera wer e kemma, dera Hena, dera gschupftn!

„Wenn's eine gleichwertige Stelle ist, dann können S' mich durchaus versetzn, sozusagen im Einklang mit dem Gesetz!"

„Das ist der Fall! Das Beamtengesetz wird beachtet!"

„Dann kann's mir ja Wurscht sei, d' Versetzung in die Registratur!"

„Sagen Sie das nicht! Es ist eine Strafversetzung, und die wiegt schwer! In die Registratur versetzt zu werden, bedeutet nicht gerade ein sonderliches Renommee!"

„Meinen S', daß es in der Sozialhilfe eins ist, wo man's bloß immer mit diesen Grattlern zu tun hat!"

„Wie reden Sie denn von den Hilfesuchenden! Das läßt vermuten, daß Sie für eine Tätigkeit im Sozialamt nicht geeignet sind!"

„Wie Sie meinen, Frau Landrätin! Geh ich halt in die Registratur und mach einen Aktenstaubwedler!"

Apfelböck lachte sarkastisch.

„Das Lachen wird Ihnen schon noch vergehn, Herr Apfelböck, wenn ich das Dienststrafverfahren gegen Sie einleite!"

Oiso doch!

„I hätt gmeint, die Strafversetzung, wie Sie's nennen, reiche aus?"

„Nein, so leicht kommen Sie mir nicht davon, Herr Apfelböck! Wie ich Ihnen schon sagte, die Strafversetzung in die Registratur ist meine erste Maßnahme. Ein Dienststrafverfahren mit dem Ziel der Entlassung aus dem Dienst folgt. Sie haben mich vor der Klientin herabgewürdigt, meiner Anweisung widersprochen. Ihre Einstellung den Hilfesuchenden gegenüber ist eines Beamten nicht würdig. Sie haben sie herabwürdigend als Gra, Gra, wie haben Sie sie bezeichnet?"

„Grattler!"

„…haben sie also als Grattler bezeichnet – offenbar mit einem Schimpfwort bedacht! Schlimm für Sie! Also, ich kann nicht anders, ein Dienststrafverfahren …!

„Von mir aus! Kann ich jetzt endlich gehn?"

„Ich bitte darum!"

„Pfüat Eahna nachat, Frau Landrätin!"

Das „Pfüat Eahna!" traf die Landrätin an einer empfindli-

chen Stelle, hatte sie doch längst in Erfahrung gebracht, daß
sich auf diese Weise nur Gleichgestellte verabschieden. Und
was für welche! Lauter ungebildetes Volk, Handwerker, Bauern, kleine Beamte! Eben! Wie sie das Bayrische, diese Spezl-
und Biertischsprache verachtet! Dem Apfelböck wird sie
schon zeigen, wo der Barthl den Most holt, wie sich diese
bierdösigen Bayern auszudrücken belieben, und ob sich ein
Untergebener gegen die Obrigkeit auflehnen darf!

Aber die Landrätin machte die Rechnung ohne den Wirt,
das heißt, sie verkannte den aufmüpfigen Charakter und die
Spitzfindigkeit des Beamten Simon Apfelböck.

Als dieser sein Amtszimmer wieder betrat, blickte ihn sein
Kollege Kastulus Mayr mit fragenden Hundeaugen an.

„Wos werd'n scho gwen sei!" knurrte Apfelböck das Häuf-
chen Beamtenelend an, „d' Landrätin is umgfoin!"

„Naa!"

„Wos naa?"

„Ich kann's gar net glauben!"

„Wenn i da's sog!"

Kastulus Mayr war fassungslos, dann aber raffte er sich zu
einer Ergebenheitsbekundung gegenüber der Landrätin auf:

„Da kann man nix machn! Wir müssn's halt respektiern!"

„Wos sogst, respektiern? Daß i net lach! A soichane Un-
gesetzlichkeit! Respektiern, sogt a! Wer bin i denn eigentle!
Da Nixl? Da Gorneamd? De ko me do kreizweis, de Boli-
diggagoaß, de batzlaugert!"

Die lästerlichen Worte des außer Rand und Band gerate-
nen Apfelböck prasselten wie Peitschenhiebe auf Kastulus
Mayr herab. Er krümmte den Rücken und spreizte die Finger gegen seinen Kollegen, als wolle er den bösen Geist ab-
wehren.

„Iatz kratz ma do d' Augn net aus, Uhu, damischer! Dir
gschiehcht scho nix! I trag ma mei Haut scho soiba zu Markt!
Da brauch i net di dazua, Kastulus!"

Gott sei Dank! klingelte das Telefon, denn Kastulus Mayr hätte keine Antwort gefunden auf den „damischen Uhu". Apfelböck hob den Hörer ab. Die Vorzimmerdame Heigl meldete sich:

„Da Herr Mayr soll glei zur Frau Landrätin kemma!", und schon hängte sie ein.

Apfelböck stocherte mit dem Zeigefinger im Ohrwaschl, weil es ihm surrte von der schrillen Stimme der Heigl.

„Soist naufkemma zo da Oidn!" bellte er den Kastulus Mayr an, als dieser nur glotzte vor Überraschung:

„Ja, du bist gfragt! D' Landrätin wui da wos!"

Kastulus Mayr zuckte erschrocken zusammen und wankte wie geprügelt aus der Amtsstube. Simon Apfelböck aber setzte sich an die Schreibmaschine und tippte sein Entlassungsgesuch. Dera Heigeing, dera dürrlochatn, da oben muß er doch zuvorkommen! Eine Strafversetzung in die Registratur! Daß die Kollegen alle lachen und frozzeln: „Hot as iatz deichselt, da Apfebeck, daß a da Arwat im Sozialamt auskimmt! Ja freile, in da Registratur, do laßt's se gmiatlich hocka! Nix wird er denen zum Feixen geben! Die Landrätin soll sich einen Dümmeren suchen! Und das Allerschärfste: ein Dienststrafverfahren! Am Ende die Entlassung aus dem Dienst! Nein, nein, mit ihm nicht, mit dem Simon Apfelböck nicht! Mit einem Ruck zog er das Entlassungsgesuch aus der Schreibmaschine, daß die Walze einen ächzenden Laut von sich gab, und überflog es mit einem höhnischen Auflachen:

„Beantrage hiermit meine Entlassung aus dem Dienst …"
Die soll mich doch kreuzweis!

Bei seiner Rückkunft war Kastulus Mayr schier noch verdatterter als bei seinem Weggang, einem vorhersehbaren Canossagang.

„Hot s' die aa grupft?" fragte ihn sein hinterkünftiger Kollege.

„Nein, grupft hat s' mich net, aber noch was viel Ärgeres!"

„Wos Irgas?"

„Zu deim Nachfolger hat s' mich gmacht, d' Frau Landrätin!"

„Is dös so arg?"

„Schon!"

Ob des gepeinigten Gesichtsausdrucks des Herrn Kollegen mußte Simon Apfelböck lachen:

„Gratuliere trotzdem! Daß di dös net gfreit? Ausschaung duast ja wiar a geprügelter Hund!"

„Da sol man sich freun, wenn man einem Kollegen die Stell wegnimmt!"

„Mir nimmst as net weg! I wer ja versetzt!"

„Das schon!"

„Wer wird na dei Nachfolger?"

„Der meine?"

Kastulus Mayr blickte seinen Kollegen verständnislos an.

„Ja, da deine!"

„Ich krieg keinen Nachfolger!"

„Net? Wiaso net?"

„Weil s' die Stell einsparn will, hat s' gsagt, die Frau Landrätin!"

„A so a Matz!"

„Pst, pst!"

„De konn's ruhig hörn wega meiner!"

„Ja schon, wegen dir!"

„Und weng deiner?"

„Um Gottes willen!"

„Host Schiß?"

„Das nicht!"

„Gib's do zua, daß d' Boin host!"

„Pst, pst!"

„Wos host'n oiwei mit deim damischn ‚Pst, pst'! Sog ma liaba, wia sa se dös vorstellt mit deiner Stell!"

„Ich soll deine und meine Arbeit machen, alles zusammen!"

„Sauber! Do werd's de dabräsln, fircht i!"

„Ich auch!"

„Na ko ma da glei nomoi gratuliern! Do schaug amoi her, wos i do hob!"

Simon Apfelböck hielt dem Kastulus Mayr sein Entlassungsgesuch unter die Nase.

„Was, du bittest um deine Entlassung, o Gott!"

„Goi, da schaugst! Moanst, i laß mi vo dera Hena pflanzn!"

„Da begibst du dich ja aller deiner Beamtenrechte!"

„Vo mir aus!"

„Und wovon willst du leben?"

„Dös werst glei sähng! Gib mar amoi an Sozialhilfeantrag her!"

„Wie bitte?"

„Nix bitte! Iatz mach scho!"

Wie unter Zwang reichte Kastulus Mayr seinem Kollegen das gewünschte Formular.

„Iatz schaug her, Kastulus, wia ma dös macht!"

Simon Apfelböck füllte den Antrag genüßlich Zeile für Zeile aus und gab ihn seinem Kollegen zurück. Der starrte entgeistert auf den Namen des Antragstellers: Simon Apfelböck.

„Du wirst doch nicht …?"

„Freile duar e's, dös siehchst do!"

„Du als Beamter!"

„I wer boid koana mehr sei!"

„Schämst du dich nicht?"

„Naa!"

„Du stellst dich auf eine Stufe mit …?"

„Sog's no: mit da Rieslin! Ja, dös duar i! Wos dera recht is, ko mir durchaus billig sei!"

„So weit läßt du es kommen?"

„Wiaso? Dös is do koa Schand net!"

„Sozialhilfe in Anspruch zu nehmen?"

„Akrat dössoi!"

„Und eine andere Arbeit annehmen …?"

„An anderne Arwat onehma? Daß i mi glei kropfat lach! Wo's do so leicht gäht, 's Faulenzn! Iatz probier's i aar amoi aus! Wia d' Rieslin!"

„Wie diese?"

„Freile wia de! Hom's dera do d' Richter bescheinigt, daß s' net arwatn braucht!"

„Na ja, dieses ominöse Urteil!"

„Nix na ja! Dös Urteil stäht, dös is a Freibriaf für 's Nixdoa, und der Paragraph, der wo d' Sozialhilfe versagt, boi oana net arwatn mog, der is für gor nix! Der gilt net für d' Rieslin, und der gilt aa net für mi!"

„Hm, hm!"

„Boi d' Rieslin net arwatn braucht, und dös is grichtsmaße, und ös sie durchfuadan miaßts, na gilt dös aa für mi! Fuadats no mi aa durch!"

„Einen Beamten!"

„I bi koana mehr! Iatz scho nimma! Eiwendig, woaßt!"

Kastulus Mayr nickte mechanisch, aber er brachte kein Verständnis für das Verhalten seines Kollegen auf.

„Hast nix Erspartes?"

„Naa, hob i net! Oiss vasuffa!"

„Geh weiter!"

„Wenn a da's sog! Drum hot mi aa koane gnomma!"

„Und Grundvermögen?"

„Aha, iatz redt da Sozialhilfesachbearbeiter! Is dös net zon Lacha, daß du mein Fall iatz bearbeitn muaßt, Kastulus! Ha, ha, ha!"

„Eher zum Weinen!"

„Wenn dir danach is! Mir is zon Lacha!"

Kastulus Mayr schüttelte ob soviel Kaltblütigkeit und Frivolität den Kopf. Er versuchte es nochmals, seinen Kollegen bei der Beamtenehre zu packen:

„Weißt du, daß du das Gesetz durch dein Verhalten ad absurdum führst?"

„Wiaso dös?"

„Das fragst du noch! Du als Sozialhilfesachbearbeiter beantragst Sozialhilfe!"

„Na und!"

„Du als Sozialhilfesachbearbeiter willst die Arbeit verweigern und Hilfe zum Lebensunterhalt beziehn!"

„Dös paßt do zsamm, nix doa und ziahng!"

„Daß du dich nicht schämst!"

„Genausowenig wia d' Rieslin!"

„Kann man's der verdenken! Ungebildet und …!"

„Wos und? Du moanst woih: und net aufs Hirn gfalln! So gscheit bin i aa wia de! I sog da bloß oans, Kastulus: Jäda is däppert, der arwat! Zur Sozialhilfe geh, dös is gscheit! Do schneibt's da de Monetn grod a so!"

„Du übertreibst!"

„Woaßt as do soim! Brauchst nix beschönign! Boi da Gsetzgeber am Mißbrauch Tür und Tor aufgmacht hot, braucht a Beamta nix rettn woin, wos net zon rettn is!"

„Denk an deine Beamtenehre! An deinen Beamteneid!"

„Auf dössoi pfeif i! I mach mar iatz a scheens Lem – wia d' Rieslin!"

„Stell dir vor, ihr beide trefft als Hilfesuchende bei mir in diesem Zimmer zusammen!"

„Na lach i mir an Ast!"

„In diesem Zimmer, in dem du gearbeitet hast!"

„Dös Zimma duat mir nix!"

„Aber die Erinnerung!"

„I wer mi net oft erinnern! I war ja bloß a Beamta! Und dös hob i boid vagessn! Iatz kimmt mei neis Lem ois Sozialhilfeempfänger! Dös hot Zukunft! Und d' Fotzn reiß i auf wia d' Rieslin! Vielleicht nist i glei gor mit dera zsamm! Do liegat i warm und weich, ha, ha! Und gfalln lassatn mir uns zwoa scho glei gor nix vo dene Beamtnstier, vo dene knickertn!"

Kastulus Mayr sackte in seinem Sessel zusammen und sagte kein Wort mehr. Wäre sein Maulkorb sichtbar gewesen, hätte sein Kollege, der gewesene Beamte Simon Apfelböck, schadenfroh sich eins gelacht und sich seiner so überraschend schnell gewonnenen Freiheit erst recht gefreut. Dieser Maulkorbträger, dieser armselige, der Kastulus Mayr!

Nachwort

„Ich glaube, daß die Prosa einen Ort braucht und auch, erschrecken Sie nicht, einen Boden. Für Kafka war dieser Boden Prag. Und für mich ist dieser Boden natürlicherweise die Stadt, die ich am besten kenne – Köln." Horst Bienek, dem diese Worte Heinrich Bölls galten, mag genickt haben, sind doch viele seiner eigenen Werke eng verknüpft mit dem Schicksal einer bestimmten Lebenswelt, nämlich der schlesischen. Nun wird man weder Böll noch Bienek als Vertreter eines neuen Regionalismus in der Literatur bezeichnen können, obwohl sie sich, ähnlich wie Fontane oder Proust, immer wieder von bestimmten, genau abgrenzbaren Lebensräumen inspirieren ließen. Es ist aber unübersehbar, daß nach einer Phase der Literaturgeschichte, in der allein der in verschiedenen Kulturen beheimatete, weltbürgerliche Autor in der Lage schien, die Seelenzustände des modernen Menschen adäquat zu beschreiben, heute wieder das Thema der Verwurzelung und der „Bodenhaftung" zu seinem Recht findet.

Die strukturellen Wandlungsprozesse in Westeuropa scheinen diesem Trend freilich auf dem ersten Blick zu widersprechen. Die politische, wirtschaftliche und kulturelle Einigung läßt die Lebensräume der Zukunft umfassender, unübersehbarer, die Sonderheiten und Nuancen der Regionen bedeutungsloser erscheinen. Eine industriegesellschaftlich geprägte Einheitskultur scheint langsam aber sicher auch die letzten Ecken Europas zu erreichen. Diese Zustandsbeschreibung aber ist gleichzeitig das auslösende Moment der Gegenbewegung. Je unüberblickbarer die Strukturen, je kontrastloser die Landkarten, umso mehr suchen die Menschen innere Bindungen und regionale Bezüge. Regionale Identität und Regionalliteratur stehen in engem Zusammenhang, ja sie bedingen einander. Von jeher kann man am ehesten dort eigenständiges literarisches Leben finden, wo man sich der eigenen Identität besonders versichern muß. Dort etwa, wo man Reste alter Eigenständigkeit zu bewahren sucht, wie etwa in Bayern. Wo man als Grenzland zwischen zwei Kulturen um Identität ringt wie in Südtirol oder dem Elsaß.

Vermutlich wird sich diese Pluralisierung in föderalen Staaten wie der Bundesrepublik deutlicher auswirken, als in Ländern, in denen die politische Zentrale zugleich den Maßstab literarischen Schaffens vorgab. Die englische Literatur war immer geprägt von der Sprache Shakespeares, in Frankreich hörte man auf Molière und in Spanien auf Cervantes. Aber längst machen auch eigenständige bretonische, katalanische, schottische oder elsässische Literaturszenen auf sich aufmerksam und brechen provozierend aus hergebrachten Schneisen aus. Diese Dezentralisierung bereichert ohne Zweifel den Büchermarkt und scheint von der Gunst des Lesepublikums honoriert zu werden. Die Erfolge südamerikanischer Autorinnen und Autoren sind nicht zuletzt darauf zurückzuführen, daß sich der Leser auf literarisch ansprechende Weise etwa von Gabriel Garcia Marquez durch die kolumbianische, von Isabell Allende durch die chilenische und von Octavio Paz durch die mexikanische Geschichte führen lassen will. Authentische Erzählstoffe haben intellektuellen Reflexionen derzeit den Rang abgelaufen.

Das Phänomen „Heimat" beansprucht unübersehbar seinen Platz in den Buchhandlungen und Autorenlesungen. Erinnerungen werden da beschworen, Kindheiten wiederentdeckt, verlorene Dinge betrauert und nicht zuletzt Orientierungshilfen für die Gegenwart gesucht. Es braucht nicht betont zu werden, daß nicht alles Gold ist, was da bodenständig und volkstümelnd daherkommt, ja daß in vielen Fällen gar nicht von Literatur im engeren Sinn gesprochen werden kann. Gerade der Begriff „Bavarica" ist eine unheilige Allianz eingegangen mit seinen klischeehaften, romantisierenden und marktorientierten Prämissen. Aber muß eine Verstärkung der Regionalbezüge in der Literatur unvermeidlich ein Zurück zur provinziellen Kleinstaaterei, zur romantischen Verklärung eines – möglicherweise noch historisch verklärten – Idylls bedeuten? Vieles deutet darauf hin, daß ein Umschwung im Gange ist. Die großen Verlage orientieren sich neu, wenden sich ab von allzu trivialen Stoffen, allzu seichten Gedichtbänden, die seit Jahren – lediglich mit immer neuen Werbetexten versehen – den Markt überschwemmt haben.

Im Jahre 1803 veröffentlichte Johann Peter Hebel seine „Alemannischen Gedichte", die sofort auf das große Interesse des Publikums stießen und reißenden Absatz fanden. Selbst Goethe zeigte sich angetan darüber, welche Dichte diese im Dialekt geschriebenen Texte erreichten. Seither hat die Mundartliteratur in Deutschland manche Höhen hinter sich gebracht, die Aufmerksamkeit des Lesepublikums scheint ungebrochen. Dennoch wird man die Frage, ob eine literarisch niveauvolle Regionalliteratur in Zukunft stark von mundartlichen Elementen geprägt sein wird, mit Nein beantworten müssen. Zwar gewann die Mundartliteratur noch in den 70er Jahren neue Leserkreise, als junge Autoren den Dialekt als Mittel entdeckten, Gesellschaftskritik volksnah und provozierend zu artikulieren. Ihre Erwartung indes, mit dem verstärkten Einsatz von umgangsprachlichen und mundartlichen Elementen würde sich die Literatur gewissermaßen „demokratisieren", hat sich nicht bewahrheitet. Dialekt braucht seinen Ort. Er braucht sein Publikum und seinen gesellschaftlichen Rahmen. Nimmt man ihn aus diesem Rahmen, dann wirkt er entfremdet, gekünstelt oder gar peinlich. So verliert schon jedes Schnadahüpfl oder Gstanzl, das – im Wirtshaus gesungen – spontanen Beifall erregt, gedruckt und zwischen zwei Buchdeckel gepreßt, jeden Charme, jede Frische, jede Authentizität.

Autoren von Rang sind sich dieser Gefahr immer bewußt
gewesen. Sie verwendeten mundartliche Elemente zwar als il-
lustrierende Stilmittel, drängten aber immer wieder hin zur
Hochsprache, mit der allein sie ein überregionales Publikum
erreichten. Michael Groißmeier gehört zu diesen Autoren von
Rang. Seinen literarischen Namen verdankt er einem
langjährigen lyrischen Wirken, das ihn vor allem im Bereich
des Haiku und des Tanka zu einem Meister seines Fachs
werden ließ. Doch in seiner Prosa setzte Groißmeier auch in
der Vergangenheit schon mundartliche und heimatkundliche
Elemente ein. Ob in seiner Autobiographie „Der Zögling"
(1991), der seine Erfahrungen im erzbischöflichen Knaben-
seminar auf dem Freisinger Domberg reflektiert, oder auch
im Erzählband „Aller Leidenden Freude" – immer wieder
erweist sich der Autor als profunder Kenner von Sprache und
Mentalität seiner Umwelt. Obwohl der Landschaft um
Amper und Glonn emotional zutiefst verbunden, ist Groißmeier weit davon entfernt, sich in altbekannten Klischees zu
ergehen. Eine „gute, alte Zeit" gibt es bei ihm nicht. Allein
die Erzählung „Das Erbhäusl" im vorliegenden Band mag als
meisterhaftes Psychogramm einer noch nicht allzu fernen
Zeit gelten. Groißmeier verschont niemanden. Seine bissig-
sarkastischen Geschichten spießen engstirnige Kleinhäusler
und verschrobene Beamte gleichermaßen auf wie Politiker
und Kirchenleute mit erstaunlicher Doppelmoral. Am we-
nigsten verschont er sich selbst. An vielen Stellen erscheint
der autobiographische Bezug, und der Leser ahnt, wie stark
das Leben des Autors in die nur scheinbar beliebig ausge-
wählten Erzählstoffe verwoben ist. Wie schon Oskar Maria
Graf, so arbeitet auch Michael Groißmeier beständig an der
literarischen Bewältigung seiner eigenen, sensibel und damit
leidvoll erfahrenen Erlebniswelt. Diese Authentizität bewahrt
ihn vor klischeeartiger Verklärung und macht seine Prosa
auch in ihrer satirischen Überspitzung glaubwürdig. Wenn

nach Böll jede gute Prosa ihren Boden braucht, so hat Groiß-meier ihn längst gefunden. Vielleicht war es in diesem Fall auch umgekehrt – Ort und Zeit haben sich einen Biographen gesucht – und gefunden.

Prof. Dr. Norbert Göttler

Kleine Wörterkunde

Vorbemerkung zur Aussprache der Vokale a und o:
aa, oa = offenes a
ga = geschlossenes a
oo = offenes o
go = geschlossenes o

a (oa) = er (iatz gäht a = jetzt geht er)
a (oa) = ein (a Mo = ein Mann)
aa, aar = auch (i hob aar an Huat = ich habe auch einen Hut)
an (oa) = einen (an Huat = einen Hut)
alloa = allein
allweil, oiwei = immer
Ambb, Amp = Amt
amoi = einmal, einst
Antn (oa) = Ente, Enten (an Antn = eine Ente)
Arwas (oa) = Erbsen
Arwashiata = Erbsenhüter (Schimpfwort)
Arwat (erstes a: ga, zweites a: oa) = Arbeit
arwatn = arbeiten
aufblaahn = aufblähen
Aung = Augen
ausgschaamt = unverschämt

bal, boi = wenn
batschierle, patschierlich = umgänglich
batzlaugert = glotzäugig
Baunzn = Brüste, eigentlich: Dampfnudeln
bättn = beten
benzn = nörgeln
Biache = Buch
Biacha = Bücher

Bieß = Gebiß
Bleame = Blume, Blumen
bleim = bleiben
blüahat = blühend
Boch (oo) = Bach
boi (oo) = wenn
boid (oo) = bald
Boin (go) = Polln
Boin hom = Schiß haben
Boizn (go) = Bolzen, unbeweglicher, sturer Mensch
Boor = Paar / a boor = ein paar
Brentn = dralle Frauensperson
Bron (oo) = Braten
bsuffa = besoffen
Bua = Bub
Buam = Buben
Buggl = Buckel, Rücken
Buiddl = Bild, Bilder
Butzerl = winziges, putziges Kleinkind

da (oa) = der (da Bua = der Bub)
da (oa) = dir (i gib da = ich gebe dir)
daamisch, damisch = dämlich, dumm
dar (oa) = dir (i gib dar an … = ich gebe dir einen …)
dabbe, dappig (oa) = dämlich, dumm
dablägga = verspotten
dabräsln = zerbröseln = ein Mißgeschick jeglicher Art erleiden = scheitern
dachln (Grundwort: Dohlen) = stehlen, stibitzen
Danz (oa) = Tänze (mach koane Danz! = mach keine Um-
stände!)
dasauffa = ertrinken
dasuffa = ertrunken
dasoi (oo) = derselbe

datremst = bekleckert
dawartn = erwarten
dawei = derweil, indessen
de = die, diese
de wo = diejenige(n), welche
de won = diejenigen, welche
Deana = Diener
Deanscht = Dienst
denga = denken
Diache, Diachl = Tuch, Tüchl
Diesch = Tisch
Diaredare = Geld, Moneten
doa = tun / i dua = ich tue

      du duast = du tust
      er duat = er tut
      mia, mir dean = wir tun
      ös deats = ihr tut
      i daat = ich täte
      ös daats = ihr tätet
      de daan = die täten

do (go) = getan
dohrat = taub
Doich (go) = Dolch, Dolche
dös (des) = das
dös gäht na do scho dengerscht net = das geht dann denn doch
   nicht
draahn = drehen
Draamhabbal (oa) = Träumer, Luftikus, bescheuerter Mensch
dren = treten
drom (go) = droben
durcharanand = durcheinander

e (i) = ich
eahm = ihm

eahna = ihnen
ebba, ebber = etwa
eia = euer
eibuiddn = einbilden
eibuidt = eingebildet
eilon (oo) = einladen / eiglon (oo) = eingeladen
eischbeim = einblasen, einen Floh ins Ohr setzen
enka, enker = euer
et (net) = nicht

foihn (oo) = fehlen
Feir = Feuer
ferchtn = fürchten / i hob mi gforchtn = ich habe mich
    gefürchtet
firte = fertig
Fläh = Flöhe
fliang = fliegen
Foam = Bierschaum
foascht = feist, fest, fett
foin (oo) = fallen
foing (go) = folgen
Fon (oo) = Faden
Fotzn (go) = Mundwerk
frein, gfrein = freuen / i hob mi gfreit = ich habe mich gefreut
Fuada = Fuder
Fuadda = Futter
fuadan = füttern
Fuaß = Fuß / Fiaß = Füße (d' Fiaß, p' Fiaß = die Füße)
Fud = Hexe, wildes Weib

gaach = jäh
Ganggerl (oa) = Teufel
geah, geh = gehen / i gäh = ich gehe
                iatz gähn e = jetzt gehe ich
                de gehngan = die gehen

geah! = Ausruf der Verwunderung
gega, geng = gegen
Gegreine = Geweine, Gejammere
gei, glei = gleich
gei, glei fräde = gleich, gleich gar
gell (goi) = gelt
gem = geben / 's gibb = es gibt
geng, gega = gegen (geng mi, geng meina = gegen mich)
gfread = gefroren, eisig (das Geschau betreffend)
gfrein = freuen
Ghoit (oo) = Gehalt
ghoitn (oo) = behalten
giaßn = gießen
Gischbe = Gimpel, Kasperl
glaam = glauben
glei = gleich
Gloiffe (go) = ungehobelter Mensch
Glubbal, Glubberl = Kluppe = Wäscheklammer,
    Klupperl = Finger
gmua, gnua = genug, genügend
Gnagg (oa) = Genick, Nörgler(in)
goi (oo) = gell, gelt
Goid (oo) = Geld
Goid (go) = Gold
gor (oo) = gar
da Gorneamd = der Niemand, der Nixl (von nichts)
Goschn = Mundwerk
Gowe (oo) = Gabel
Grattler = Fretter, Habenichts, von: Kratten / schweizerisch
    = (kleiner) Korb, also: kleiner „Korbträger"
greme = knochenstarr
Grugga = Krücke, Schimpfwort für altes Weib (oide Grugga)
Gschaftlhuaba, Gschaftlhuawa = Wichtigtuer
gschähng = geschehen

gschert = geschoren, ungehobelt, ungebildet
Gschroa = Geschrei
gschupft = zickig (a gschupfte Hena = eine Zicke)
Gsoi (go) = Geselle
Gsoischaft = Gesellschaft
gspitzig = spitz
gsuffig = trinkfreudig
guad = gut
Guatl = Bonbon
guit = gilt
gwen = gewesen

ha?, han? (oa) = wie?, was?
Habbal (oa) = Häppchen
Hämariddnschauggl = Hämorrhoidenschaukel = humorvolle
Umschreibung für ein (fast) schrottreifes Auto
Harpfa, Harpfn = Harfe
harpfn = mühsam gehen, hinken
Heandl, Herndl = Horn, Hörner / d' Heandl obstäßn = zur
    Vernunft kommen, einsichtig werden
Heigeing = Heugeige = etwas zweideutige Bezeichnung
eines langbeinigen Frauenzimmers
heiran (oa) = heiraten
Heita, Heiter = Mähre, Klepper
heitzedog (oo) = heutzutage
Hena = Henne, Huhn
henga = hängen
herent und drent = hüben und drüben
Hiawan = heruntergekommene Gebäulichkeit, Hütte
hoakle = heikel
hoaß = heiß
hogebuachag (oo, oa) = hanebüchen, unverschämt
Hoi (go) = Hölle
hoibat, hoiwat (oo) = halb

hoiffa (oo) = helfen
hoin (go) = holen / ghoit = geholt
Hois (oo) = Hals
hoit! (oo) = halt!
hom (oo) = haben / i ho, i hob, i hon (oo) = ich habe
        du hoscht (oo) = du hast
        er hot (oo) = er hat
        ös habbs = Ihr habt
        mia, mir hom (oo) = wir haben
        i häd, i hätt = ich hätte
        ghot (oo) = gehabt
        iatz hän e = jetzt hätte ich
        de hän = die hätten
        iatz hon e (oo) ghabb = jetzt hätte ich gehabt
huif! = hilf!
Hundskrampn = Lausbengel, eigentlich: Haken, Spitzhacke
(niederdeutsch)

i = ich
iatz = jetzt
iba, iwa = über
ibahaps, iwahaps (oa) = überhaupt
ins = uns
insa = unser
irg = arg
irm = erben

kaam = kaum
Kaas = Käse
kema = kommen / iatz kimp a = jetzt kommt er
kena, kina = können
kloa = klein
kniagln = knien
koana = keiner

i ko (go) ich kann / i kannt (oa), i kunnt = ich könnte
koit (oo) = kalt
Kuah = Kuh / Kiah, Küah = Kühe
kudan, kudern = kichern, lachen

Lackl (oa) = grober Mensch
langkrogert (oo) = langhalsig
Lätschn = verdrießliches Gesicht
launga = leugnen
läwendde = lebendig, lebend
lein = leiden, auch: dulden
lem = leben
liaba, liawa = lieber
liadre = klein, kümmerlich
liang = lügen
lieng = liegen
Loas = Drecksau, eigentlich: Mutterschwein
Luada = Luder
luchsn = horchen / einem etwas abluchsen = einem etwas
   abgaunern
Lug = Lüge

March = Mark
Mäu = Mund, Maul
meegle = möglich
meng = mögen / i mächt, i mächat = ich möchte
              i ho (oo) gmigg = ich habe gemocht
mia, mir = wir
miassn = müssen / i miaßat = ich müßte
mim = mit dem
moana = meinen / i moa, i moan = ich meine
              i ho gmoat, i hob gmoant = ich habe
              gemeint
              i moanat = ich meinte, ich würde meinen

moing (go) = morgen
Muadda = Mutter

na (ga) = nachher, dann
naa! (oa) = nein!
naame = nämlich
nacha, nachat = dann
nausäggln = hinausekeln
net = nicht
nix = nichts
Nixl = nicht geachteter, unnützer Mensch, Niete
no (go) = noch
no, no! = Ausruf der Beschwichtigung
Nosn (oo) = Nase, Nasen
Notscherl = Kleingeld, Groschen, gering Erspartes

oamoi = einmal
oanaugert = einäugig
an oanzigs Moi = ein einziges Mal
obe, owe (oo) = hinunter
oboaßn (erstes o: oo, zweites o: go) = davon abkommen, genug haben von etwas
ogifftn (go) = anfeinden
ogschnin (oo) = abgeschnitten
oid (oo) = alt
oife (go) = elf
ois (oo) = als
oiss (oo) = alles
oissammete (oo) = alles, allesamt
oiwei (oo) = immer, stets
oleng (go) = anlegen, anziehen
ostoin (go) = anstellen

pfiat, pfüat de! = Gott behüte dich!, grüß dich! = im Sinne:
auf Wiedersehn

Pfiefkaas = Pfiffkäse = abwertender Fäkalausdruck für: Da hast du dich getäuscht
pflanzn = ausschmieren
Pratzn = Pranke, große, grobe Hand

Raade, Radi (oa) = Rettich
raffa (oa) = raufen
ratschn (oa) = sich unterhalten, schwatzen
ren = reden / i hob gredt = ich habe geredet
renga = regnen
Riabbe = Rüpel, Flegel
Riassl = Rüssel
Rotzbibbn (go) = Rotznase, vorlautes Ding
ruachat = raffgierig, habgierig
Ruah = Ruhe
ruaffa = rufen

sähng = sehen
säng = sägen / i hob gsaglt (oa) = ich habe gesägt
sakrisch (oa) = sakramentisch, gewaltig, mordsmäßig
sauffa = saufen / bsuffa = besoffen
                       gsuffig = trinkfreudig
saxndi, sabbradi = sapperment
se = sich
sei = sein
Siach = unbeholfener Mensch, Tölpel
Siefling = Säufer
Silod (oo) = Salat
sinscht, sunscht = sonst
Sog (oo) = Sack
Soi (go) = Seele
i soi (go) = ich soll
a soicha, a soichtana (go) = ein solcher, solch ein
soim (oo) = selber, selbst

song (oo) = sagen / i sog (oo) = ich sage
        du sogscht (oo) = du sagst
        er sagg = er sagt
        mia, mir song (oo) = wir sagen
        ös saggs = ihr sagt
        i ho, hob (oo) gsagg = ich habe gesagt
spreizn, se spreizn = sich gegen etwas stemmen, sich weigern
schaung = schauen / i schaug = ich schaue
        i hob gschaugg = ich habe geschaut
schee = schön
scheicha = scheuen
Scherm = Scherbe, Scherben, abfällige Bezeichnung für eine
verlotterte Frauensperson
Schloapf = schlampige Frauensperson
Schmarrn = Unsinn, eigentlich eine Mehlspeise
schneim = schneien / iatz schneibb's = jetzt schneit es
        es hot gschnim = es hat geschneit
schnein = schneiden / i schneid = ich schneide
        i hob gschnin = ich habe geschnitten
schnoi (oo) = schnell
schnowen (oo) = schnabeln, schnäbeln, schwatzen, schwätzen
scho (go) = schon
schon (oo) = schaden
Schratzn (oa) = Schreihals, abfällig für Kind, Nachwuchs
schreim = schreiben / i schreib = ich schreibe
        i hob gschriem = ich habe geschrieben
schrein = schreien / i schrei = ich schreie
        i hob gschrian = ich habe geschrien
Schroa = Schrei
Schuah = Schuh
Schuach = Schuhe
schuid = schuld
Schuxn = Schickse, leichtfertige, flatterhafte (jüngere)
   Frauensperson

schwaar = schwer
staad, stad = still
stäßn = stoßen
steh = stehen / i stäh = ich stehe
        ös stähts = ihr steht
        mir stehngan = wir stehen
        i bi gstana = ich bin gestanden
steing = steigen / i bi gstieng = ich bin gestiegen
sterm = sterben / i stirb = ich sterbe
        er is gstorm = er ist gestorben
Stiahla = Stühlchen, Schemel
stier = stur, starr
stingat, gstingat = stinkend, verdorben, faul
stoibban (go) = stolpern
stoihn (oo) = stehlen
stoin (go) = stellen
i stuih = ich stehle
Stuih = Stuhl
Stum = Stube

treffa = treffen / i triff = ich treffe
        i treffat = ich träfe
        i hob troffa = ich habe getroffen
treim = treiben / er treibb = er treibt

vadraaht (oa) = verdreht
vaguna (oa) = vergönnen, gönnen
vastana (oa) = verstanden
vazoihn (oa) = erzählen
Voik (go) = Volk
voraus = da, weil, gleich gar, wenn ..., besonders
vui = viel

i waar = ich wäre / de wuradn = die wären
wega, weng = wegen
wei = weil
Wei = Weib
weihcha = weihen / gweihcht = geweiht
a weng, a wengl = ein wenig
wern = werden / worn (go) = geworden
wia = wie
wiar i = wie ich
Wiesn = Wiese
Wiesna = Wiesen
i woaß = ich weiß / i hob gwißt = ich habe gewußt
Wohrat (oo) = Wahrheit
woin (go) = wollen / wer wui? = wer will?
wos (oo) = was
wuihn = wühlen

Ziefern = zänkisches Weib
zo (go) = zu
zoang = zeigen
zoihn (oo) = zahlen
zoihn (go) = zählen
zon (go) = zu dem
zruck = zurück
zsamm = zusammen
Zurn = Zorn
zwengs = wegen
Zwidawurzn = ungutes, mißmutiges, streitsüchtiges Weibsbild
zwoa = zwei
zwoife (go) = zwölf